Dachauer Geschichten

Burghäuser-Bluemel

Bibliografische Information der Deutschen Nationalbibliothek:
Die Deutsche Nationalbibliothek verzeichnet diese Publikation in der Deutschen Nationalbibliografie; detaillierte bibliografische Daten sind im Internet über http://dnb.dnb.de abrufbar.

Cover:

Verlag: BoD · Books on Demand GmbH, Überseering 33, 22297 Hamburg, bod@bod.de

Druck: Libri Plureos GmbH, Friedensallee 273, 22763 Hamburg

ISBN: 978-3-8192-4687-6

„Ja, ich komme aus Dachau!“

Einer Beziehung folglich dorthingehend, worüber es eine zweifellos einzigartige Retrospektive gibt – weit zurück noch vor der Münchner Gründer-Zeit allenthalben auch benannt gewesen schon. Soll indessen zunächst doch das an wohl klingender Nacherzählung verlautbart sein – was des einzig Dachauers Vorzeige-Schema eben seither schon so herzugeben vermochte des Berges stolzer Anhöhe hinauf. Wohin eben sein Bestreben mit dem Gast aus nah und fern von Neugier meist erschlagen und beseelt im Auto daneben – man gebührend über die Schloss-Straße hinauf fortan nach Historie ähnlich einer Diva, Altstadt-Flair zu nehmen gedenken möge. Dort oben direkt hin an diese Wucht einer massiv erbaut und gezierten Schlossmauer mit freiem Blick dorthin auf die nördlich italienisch allzu gerne umwoben Bayrische Landeshauptstadt. Als auch dorthin auf diesen gerne akademisch auch umschwärmten Odeons-Platz, der Staats-Kanzlei mit so manch Kirchturm und mehr noch um klerikal sehenswerte Architektur dort im Widerschein einer barock entzückten Theatiner-Kirche. Bevor es dann aber mit süd-/westlich weitem Blickwinkel ab ins Alpenland direkt ins Werdenfelser-Land noch hingeht – nachdem das Areal um Schloss-Schleißheim breitbeinig erregt auch aufgenommen war.

Fällt es uns Dachauern doch umso schwieriger, dem Kainszeichen im Rücken nahe der Würm – hellgrün vom Starnberger-See als auch munter im Flussbett von Flora und Fauna erleuchtet, begnadet herüber kommend zu folgen. Nicht ohne etwas an Erwähnung zumindest noch dabei aufzunehmen – eben auf Flurnummern arrondiert namens „Etzenhausen und Prittlbach" über Dachaus hoheitlich markierte Stadtgrenzen in Nord-östlicher Obhut hinweg eilend. Indes dem Flurstück namens „Dachau" – jedweder Bezug an eine Ortung dorthin ans Lager im Auftrag der Nazis, eben seither schon kraft Initiative dorthin-gehend würde zur Fehlanzeige nur verholfen haben.

Bevor Dachaus Stadtrat im Zeichen des Münchner Anwalts Dr.Karl Haaser damals vor TV-Kameras, all´ dessen um das KZ-Dachau mit allem an Nachdruck und Blick in den Kataster – als des Areals Zugehörigkeit zur Gemarkung „Etzenhausen", dann in voller Inbrunst zu konstatieren wusste. Und lediglich die Folge aus der Notwendigkeit an kommunaler Verwaltung ums „Lager" bei zig-tausend Flüchtlingen nach Kriegsende zur Eingemeindung in Linie. Mit-samt schaurig an Gemäuer zur Munitions-Fabrik aus den Kriegswirren 1914/18 unweit vor sich hin rostend noch im Lageplan vermerkt. Was nicht minder zuhauf gefolgt war von Flucht und Vertreibung – geschuldet von daraus entstandener Wohnungs-Not und mehr noch an Fürsorge für des Einwanderers karge Befindlichkeit. Folglich eben die regional nächst größere Kreis-Stadt Dachau, Verwaltungs-technisch daraufhin beizeiten noch vor Ende des Krieges hilfreich eingesprungen war. Indessen die Groß-Stadt München davon absolut befreit – wohl gemerkt hingegen als Kommando-Zentrale mit Führers-Adressat noch an der Arcis-Straße aktiviert gewesen war im Aufschrei des Führer-Baus. Inzwischen umfunktioniert zum Lehrsaal der Hochschule für Musik-Künste im Genre als <Bay. Konservatorium> um des Studien-Chors Staats-tragend ausgerufen bei internationaler Anbindung.

Soll es nunmehr zurück zur Vorstadt nach Etzenhausen – dieser Zeiträume des Schreckens inmitten der Kriegswirren hingehen, dorthin wo es seither schon den Landwirt wie des Handwerkers Zünfte allgemein schätzenswert in Reihe gegeben hatte. Dort wo die KZ-Häftlinge morgens mit der Unwucht des 2-Radwagens vor sich her schiebend am Tor zur Städtischen Molkerei – um Einlass gebeten hatten für eine tägliche Ration an Milch & Butter für die Ärmsten in Order dort vom Kommandanten im Lager abgehakt. Während unweit davon die zurück haltende Gütlers-Tochter namens der Rosina inbrünstig getauft, wohl in ihrer Eigenschaft der gut-herzig jungen Frau handelnd. Deren Teilnahme am Sonntäglichem Gottesdienst in den Stuhlreihen von St.Laurentius vor dem Namensschild ihrer verstorbenen Eltern nicht geringer beherzt, zum gewogenen Teil im wöchentlichen Terminus herkömmlich gereift war.

Indessen nichts weiter denn ein üblich unbelastetes Dasein am Rande der Kreisstadt – elterlich beseelt geführt, seit frühester Kindheit mit ihr einherging. Und vom Alltag in Glückseligkeit klein-bäuerlich unbeschwert Heils-bringend verwoben nach der Mädchen-Schule oben an der Kloster-Straße. Schien freilich ihr gewohntes Dasein nach Jahren dann müßig allein-stehend – die Eltern waren längst nicht mehr, ähnlich eines Blitzschlags brutalst verachtend über den Haufen geworfen.

Wessen unisono alsdann in benachbarter Unmenschlichkeit ausgelöst gewesen, kraft eines unerbittlich wie eher heldenhaft bekennend schlecht beleumdeten Kerls im Gewirk der Erz-Nazis verwoben. In Befindlichkeit passiert gewesen wie nicht anders zu erwarten – war das an Schande ausgebrochen im Gegenzug zu Rosinas Humanität und Güte, im Wesen nach ausgelebt an humaner Zwischen-Menschlichkeit. Als auch ausgebrochen geschuldet im Grauen des Nachbarn Faschismus im freien Lauf einer Schusslinie. Dort vom gewährtem Unterschlupf eines bedauerlich Vertriebenen aus Schlesien/Polen – anhand des Deutschen Überfalls durch die Schrecken der Wehrmacht, angetrieben und los gerannt gewesen nach hierhin. Erfolgte nachbarlich luziferisch angetrieben, sein Weg direkt hinführend ans Revier der Nsdap. Um von <Rosinas> Eigenmacht zur Güte des an der Haus-Türe frierend polnischen Landsmannes – der nachgefragten Unterkunft für die bevor stehend kalte Nacht, worauf Ekelerregend im Eifer des Denunzianten tags-darauf zu berichten war. Angeklagt vor dunkler Kulisse des Heubodens in Eises Kälte, nachdem sie bereitwillig geöffnet haben wollte in dieser Stunde des Schicksals. Beeindruckt von Obdachlosigkeit und Hunger fern der Heimat angetan. War <Rosinas> weiches Herzblut berührt – ihm zur Nächtigung freilich ein „Nest" im duftend Heuboden notdürftig angeboten zu haben. Indessen schon zur Genüge nach eines unerbittlich nekrophil und verachtend aufmüpfigen Nachbars Bedürfnis der Meldepflicht, schlechthin auch befeuert war. Worauf man umgehend schon angetan vorgefahren kam inmitten dieser Kriegs-Tage. Nur wenige Fahr-Minuten vom KZ-Schrecken entfernt auf gleicher Flur im Dachauer Vorstadt-Kataster.

Schon um kraft des Eil-Verfahrens zutiefst gedemütigt – des Polnischen Landsmanns Willen fürs Überleben mitsamt Muse nach Selbsterhaltungs-Trieb. Wohl unmittelbar dann schon die Überstellung ans Jourhaus im KZ nach wenigen Fahr-Minuten gefolgt war. Und jedwede Gefühlsregung alsbald schon dem freien Fall ausgesetzt schien. Bevor dann für <Rosinas> gütig beseeltes Herz, wohl eine Metamorphose in Satans und Mephistos Unter-Welten alsdann herein gebrochen war. Und des nachbarlich sporadisch psychisch ausgelöster Würgegriff – <Rosinas> gewogen hold ausgelebte Weiblichkeit an den Rand der Schlangengrube, grauenhaft unverhohlen überstellt schien. Indessen weitaus schlimmer noch – doch des Schriften-Malers Profession im Revier längst schon zugange war daraufhin in SS-Order. Indes nach Vorgabe einer Majorität wie unisono im Sog des Schreckens danach übel verunstaltet. Alsbald im Kurz-Text für ein umzuhängendes Schild erste Entwürfe wohl schon die Runde gemacht hatten. Wie im O-Ton danach überliefert – „Ich bin das größte Schwein, ließ mich mit einem Polen ein", zur Genehmigung vorgelegt gewesen.

Unterdessen das Nsdap-Personal erneut früh-morgens schon erbost blindwütig entbrannt vorgefahren kam – bis oben hin bewaffnet, um <Rosina> mit dieser Unsitte an Schlagzeile im weiten Sog des allgemeinen Entsetzens. Alsdann angekettet barfuß in Richtung Rathaus auf der alten Freisinger-Straße. Ähnlich im Abbild des verängstigt Stück-Viehs direkt hin zum Schlachthof – nicht nur verpönt zutiefst verletzend vor sich hergetrieben zu haben. Sondern den Rat-los erschrockenen Zuschauern im Seitenblick, schon mal das an Grausamkeit unisono vorgeführt war. Wofür die SS-Leute die Anleitung des Schreckens und des Grauens doch dafür längst im Schrank daheim seither schon aufbewahrt hatten in geboten Nibelungen-Treue. Bei geschuldet Ehren hin zum Vaterlands Führer als Gebrauchs-Anleitung nicht minder ehrenhaft verdingend.

Während zurück zur äußeren Freisinger-Straße – dort am Fabrikgelände der MD-Papierindustrie, das Kopfstein-Pflaster allmählich Gefälle anzunehmen vermochte auf die ansteigende Dachauer Altstadt zu. Bevor es des SS-lers Unmenschlichkeit noch immer im Verlangen nach viel-versprechend „Luft nach oben", eben umso mehr noch danach zumute gewesen schien. Sollte schon im nächsten Schritt dann <Rosinas> wahres Abbild – umgehend mit Ketten versehen an eines Granit-Pollers Widerstand direkt vor des Rathauses's Eingangs-Portal. Freilich brutalst fixiert dann nach gekommen sein. Um daraufhin dann im Wahn nach Abgründen – verlautbart aus Berserkers Kehle „Spukt sie doch endlich allesamt ordentlich an!" In verwerflich an Imperativ-Tonlage der Hetzjagd lautstark aus Inbrunst luziferisch noch befeuert, Schimpf, Geschmeiß und Schande noch mehr davon hin geschrien zu haben.

Indes bei gefesselten Händen, Rosinas einziger Gesichts-schutz zudem unterbunden war, wusste man sich hinterher dann im Elend um diese Bande aus Wegelagerern und miesen Gestalten übelster Herkunft. Denen es ohnehin allzu leicht gefallen war, deren Zeitvertreib umso mehr noch im Jargon und Vokabular des Untermenschen dorthin losgeworden zu sein. Im Abbild nach des total abgebrüht und befremdend abgefahren miesen Kerls, sich auf Rosinas Gegenwart abgesehen peinlichst dabei zu vergnügen. Was bei nicht minder von weit hergeholt derb verworfener Lexika aus ergrauter Unter-Welt" oben-d´rauf noch abscheulich auf den Lippen losgeschlagen. Sollte all´ das an Geschmeiß in Order und blindem Anschein nach Macht und Habitus – sorglos über den langen Tag doch blindlings heraus geschrien sein. Als umgeben auch von absolut „Nazi-treu" erwogenem Gesindel aus Abgrund und Niedertracht von manch Hinterzimmer mieser Partei-Eintracht hingeholt. Als angeheuert freilich auch von irre nach Hetz-Kampagne aufbäumend und mehr an Schreck und Wortfetzen, Schien Rosinas vergeblicher Versuche an Gegenwehr sicherlich schon jedwede Wortwahl dafür fehlend ausgeblieben. Als auch mit Blick auf die Turm-Uhr von St.Jakob – schien die Zeit womöglich über den langen Tag bis in die Abendstunden reichend für sie müßig ohnehin längst stehen geblieben. Ähnlich vielleicht, als hätte man sie gesteinigt oder gar ausgepeitscht gehabt. War unversehens dort oben im Auftrag immens persönlicher Schande und psychisch grausamer Verletzung vor Publikum – kraft des Untermenschen Auftritt nach Belästigung als auch Ekelerregender Aufläufe und Fuß-Abdrücke. Das ausgelöst gewesen in Abart nach des Fremdkörpers an Dachaus aller-schönstem malerisch Bürgernah historisch verwobenem Rathaus-Vorplatz. Bestückt mit Werten des Schweigens auch zurück zur Stadt-Erhebung noch wenige Jahre bevor vor Rang und Namen.

Während es gegenwärtig jedweder Idee nach Einfühlungs-Vermögen und Empathie um <Rosinas> grausame Ergriffenheit, ihrer zutiefst geschundenen Seele dann daraufhin. Folglich des Boykotteurs müßig Ansätze verweilend in ihr, unverändert eben danach naheliegend vollends gefehlt hatte. Nicht minder wohl auch umso erdenklicher wie ergriffen davon – sie damit zurecht zu kommen hatte über diese Minuten und Stunden des Herz-zerreißend angestoßenen Grauens und Erbarmens. Hier vor-Ort unverschuldet hinein geraten, im Abendland vergeblich hinweg kommend inszeniert gewesen fern jedweder Heils-bringender Illusion. Wäre im Nachsatz als-dann mehrheitlich im Verrat nach Menschen-Würde befindlich, bei trostlos bangend danach um ihr allmählich schütter erwogenes Selbst im Restwert bitterlich taumelnd. So schien sie dennoch halbwegs mit Haltung noch ermutigt kaum kleinzukriegen imstande gewesen. Vor diesem Gebilde ähnlich einer Schrankwand an psychisch physischer Hinnahme kraft dieser Tumultartig irre los-schreienden Horde an Untermenschen aus des Publikums Schrecken nach Tobak. Hingeeilt aus unterst Reihe & Gliedes Abscheu und Herkunft.

Schien ihr dennoch trotz allem unermesslich an Kräften in psychosomatisch erwogener Eigen-Initiative bei unerklärlich innerer Abwehr-Mechanismen und wuchtig an restlich Immun-kräften dennoch verfügbar. Wie skandierend wohl losgelöst über ihren inneren Boykotteurs Sprünge – sie indessen wohl insoweit noch standhaft das nicht zuletzt noch hinzubekommen schien. Indem sie sprichwörtlich doch „des Mannes-Kraft" in ihr auslösend allenthalben beflügelt zu stehen vermochte. Eben all dessen fortan insoweit noch standhaft an Widerstand insoweit vollführt zu haben während des sprichwörtlich stehenden Fußes am Abgrund nahe.

Überlagert im Wissen schließlich erlegen dann bis hin zur abendlichen Rückkehr heimwärts zutiefst gekränkt und verletzt nach Etzenhausen zurück. Eben dorthin ins gewohnte Gemach in ihr erkaltet wartendes „Sacherl" – wo niemand auf sie als die geschunden gestanden blutjunge Frau. Doch jemals nur würde besorgt gewartet haben wollen. Eben geradewegs doch auf sie persönlich bezogen und ihre einzig nach Liebe vergeblich danach suchende Psyche und zutiefst innere Einkehr. Um sich so gut es eben gerade-mal noch ging – von alledem was ihre Haut und Kleidung an grauenhaft bissig los-geschlagenem Geschmeiß über die bangen Stunden hinweg bitterlich vegetierend. Dort oben angekettet über sich tatenlos und ohne Schutzschild eben müßig ergehend zurück gelassen hatte – jetzt daheim vorm Spiegel erschrocken im Antlitz nahe des Verdorben-Seins kurz verweilend. Schändlich entwürdigt als willkürlich ausgesuchtes Opfer infolge des Verräters nekrophiler Erwägung wenige Meter nur hinter dicken Mauern knapp daneben. Bevor ihr Holz- & Kohle-Ofen alsbald wieder ertüchtigt angeheizt war dann für heißes Wasser im Herd und nichts denn gediegen Seife nur – um erbärmlich wieder zurück gefunden zu haben in ihr wahres <Ich und verletzt gepeinigt an verbliebenem Selbst>.

Vor dieser wohl schlaflosen Nacht im Anbeginn einer allererste Aufarbeitung, was man ihr an Gewissenslosigkeit mutwillig und Menschen-verachtend auch billigend angetan hatte. Alsdann als mies gefärbte Nacherzählung im Chor und Unter-Ton des Nazi-Regimes brutalst abgehandelt. Womöglich mit manch gelungen Foto noch als Beweis im Grauen der Niedertracht in Händen der Untermenschen einer Zwischen-Welt. Hin-geholt vom Dienst nach Raufbold und Seitenhieben und bitterlich mehr noch an Elend und Abschaum.

Sollte es dazu noch geschäftlich bedingt gekommen sein nach Jahrzehnten in den 70er-Jahren, ihr erstmals folglich beschaulich davon ergriffen in Augenhöhe begegnet zu sein. Indessen mir freilich eben zuallererst doch vergeblich daran gelegen war – ihr im Radius mit gelungen Poker-face möglichst insoweit gegenüber gestanden zu sein. Was sicherlich mitnichten würde wirklich gelungen sein von dabei irre an Realität im Hintergrund müßig davon überschattet.

Bevor sie noch analog losgeworden sein wollte – um mir gesagt zu haben, welch Spuren des Allein-Seins Bürde ihrerseits würden fortan doch hinterlassen haben vieler-Orts im bieder Schlagwort ohne Anspruch nach fremder Hilfe. Wobei ihr wohl größtes Erfolgs-Erlebnis ihres Namens gebührender Abdruck irgendwann noch auf der Bautafel neben ihres Elternhauses lebensbejahend erfrischend bejahend wider gegeben hatte. Als auch Zweifellos einzig bahnbrechend gewesen war für sie in

Genugtuung vielleicht ähnlicher Schreibweise vom schlimmsten Ereignis ihres Daseins nunmehr nach Kräften andersrum gestärkt erinnert gewesen.

Dorthin an stark befahrenem Straßenzug im Hinweis zur Errichtung mehrerer Doppelhäuser inmitten ihrer inzwischen erreichten gerundet 6-Lebens-Jahrzehnte, vollendet im Zeichen als die eigentlich krönende Power-Frau unweit des Absurdums. Als auch im Abbild nach gestandener Ikone als unangefochtene Bauherrin auch hier und heute dennoch mit Geschäfts-Sinn und Sachverstand zugange. Als Derjenigen Frauenbild auch in Wort und Abbild, der es Flügel-verleihend 3-Jahrzehnte hinterher noch gegönnt gelungen sein sollte – kraft unendlicher Aura nicht minder an <Selbstfindung>. Als auch in tiefster Befindlichkeit und Erhalt um ihre geprüfte Innen-Organisation, allenthalben fortschreitend erwogen auch. Gut Ding trotzend aller-bestens vollbracht zu haben vor den Augen eines sicherlich Gönnerhaft neidlosen Publikums dort im Dorf an Dachaus nördlichem Stadtrand.

Als auch wohl ohne jedwede Art an geistig Fremdhilfe und gebührend Ansporn daraus, sich ihrer unermesslich auferlegt unbefestigten Lebens-Autobahn Kraftstrotzend und zuhauf auch unerschütterlich löblich mit Haltung und Charakter. Stets eigen ermutigt und gewogen Tagaus wie Tagein auch fortan erneut all-dessen sich wacker gestellt zu haben. Als auch geplagt gewesen beinahe Zeitlebens – von schwerlich ertragener Bürde anhand befremdend Nekrophile nach Zerstörungs-Wut im Angriff auf ihr Anrecht auf ein gesund gewogen gelebt tragendes <Selbst>

behutsam aufbewahrt in ihr. Das untergraben freilich benachbart übelst in unerbittlich an Aufruhr gezeichnet – mitnichten wäre abzuwenden gewesen auf all´ ihren Kraft-zehrenden Wegen. Dessen man sich ohnehin keinesfalls würde vergreifend wild um sich tobend angenähert jemals nur würde gewollt haben. Im Dasein als alleinstehend mutig im Leben stehende Gütlers-Frau, längst Viehlos und ohne Maschinen. Reflektiert im Schatten einer Vergangenheit dorthin im Schrecken und ohne Worte im Vakuum nach elender Erfahrung und Zwischen-Welt. Deren Befindlichkeit gepaart war in aufdrehend erwogener Selbst-Versorgung – als auch auf dennoch guten Wegen im Umgang mit Brutalität und Sachzwang im Umfeld aus eigentlich insoweit gewogen Heimat und Geschichte visuell tapfer befriedet. Getragen auch in der bangen Frage schlechthin – dorthin hinterher dann im Dorfladen oder in der kleinen Dorfkirche St.Laurentius dort oben am Etzenhauser Ski-Bergerl. Eben der Stunde der Wahrheit unvermittelt dann in Augenhöhe oftmals zugegen. Alsdann nahe um banges Verhalten in Befindlichkeit einer immens Gefühls-betont zugelassenen Nähe zu ihr und ihrem angeschlagenem Selbst dabei noch vollends billigend in-kauf nehmend?

Scheint jedwede Überlieferung dennoch erstaunlich um dieses Bollwerk an menschlicher Verachtung namens <Frau-Rosina> – im Kontext zur damaligen München-Dachauer Tages-Presse, wohl-wollend ausgeblieben gewesen. Umgangen dorthin am bunten Zeitungs-Kiosk in Bahnhofs-Nähe – über all´ meine 55-Jahre hinweg in Dachaus Weiten, allenthalben meist gut und ereignisreich verbracht auch.

So wollte ich trotz allem zurück zur Stipp-Visite erneut in meine Dachauer Heimat – vor wenigen Jahren im freien Fall meiner ergreifenden Gefühls-Welt nach einer Bahnfahrt über Mühldorf direkt hin zum HBF-München anstoßend. Mein Interesse doch zuallererst für die Busfahrt im Korso dorthin nach Etzenhausen und nach oben hin dann ans Rathaus für mich entschieden haben – angetan von Bodenständiger Bau- & Wohn-Kultur auch vor-Ort. Inzwischen nach all´ den Jahren in meiner Heimat nunmehr wieder zurück. Waren auch deren Eindrücke nicht minder erdenklich voller Überraschungen gewesen. Als auch beflügelt vielleicht nach des international erwogen „home-sweet-home“ Leitspruchs auch unvermindert angetan? Und der Sorge anhaftend dann Stunden später auf dem Rückweg ins Rottal nach hierher zurück in Balance um mein Selbst im Spagat nach Schwebezustand vielleicht? Als auch im Vakuum der Erwartung um meiner Seele an gewogen oder unausgewogen abgenötigt Reaktion um wahre heimatliche Gefühlsregung dann insbesondere in der Frage nach zeitnaher Bettruhe angediehen. Eben daraufhin in Befindlichkeit dann vor sich hin schwelend um heimatliches Terrain bis zum nächsten Morgen danach dann am Frühstücks-Tisch?

Infiltriert gewesen bei zuhauf nach Fußspuren längs der Dachauer Haupt- und Nebenstraßen im Unwissen nach Sehen und Gesehen werden – als auch im Vakuum der Fragen und Neugier nach Beziehung und neuerlich an Zwischenmenschlich-keit draußen in der Ferne. Gehalten im Kontext wie nach des Fortkommens ohnehin persönlicher Art und Weise seither an neuer Örtlichkeit nunmehr auch im Spannungsfeld erwogen!?

Sollte es warum auch immer an diesem eigentlich bangen Wochen-Tag unter zuversichtlich Bayerisch-blauem Dachauer Himmel, zu keinerlei Kontakt überraschend noch gekommen sein längs der bunten Altstadt-Gemäuer. Unbesorgt bedingt auch dorthin-gehend noch, im Etzenhauser Gewirk meinen beiden Alt-Immobilien noch wacker breitbeinig davor gestanden zu haben. Indessen insbesondere einmal des Autohändlers Initiative im Fabrikat <Nissan> in Augenschein betrachtet zu nehmen war, sollte es im Bedarf an bequemen Turnschuhen kein Vorbei am vormaligem „Profi-Baumarkt" alsdann gegeben haben. Analog als Filialist seither eingemietet, Landesweit gekennzeichnet im Emblem nach des „Siemes-Schuhe" als Nachfolger mit jungem Personal bei Selbstbedienung aktiv vor-Ort eingemeindet und Marktgerecht auf-bietend im Gedächtnis.

Waren freilich auch meine alten umtriebigen Zeiten wieder zurück – insbesondere dorthin zur Eröffnung mit damals 400-Gästen. Sollte allen voran des Landrats Begrüßungs-Ansprache Erwähnung hierbei finden – als wollte er doch an seines OBI′s 6-fach abgenötigte Verkaufsflächen und deren Zerstörungs-Wut mitnichten nur mal bedacht haben wollen. Unisono bis hin dann zur Enteignung in Lesart nach „Cowboy und Indianer". Im Abbild nach Kräften der seinerseits verwalteten Sparkasse – einst gegründet gewesen als verzinsend gewährende Institution für Spar-Einlagen im Obligo der Länder. Während-dessen die Kampagne in Ohnmacht seines OBI-Dachau längst nicht mehr aufzuhalten war.

War nach des Volkes Stimme – nach Kriegsende in vertrauensvollen Händen der Landräte die Rede gewesen um des örtlich führenden Immobilien-Maklers alsdann bis hin zur Baumarkt-Oase auf des Landrats Wunschzettel im Dachauer-Land. Bevor mich zur Stipp-Visite zurück, meine heimatlichen Gefühls-Ausbrüche schon in den nächsten Transfer-Bus – man hat wohl ein Dutzend inzwischen davon, hinauf zur Altstadt geführt hatten. Und angetan von Blitz-sauber heraus geputzter Altstadt-Silhouette, mich dann mit sportiv neuen Schuhen gut unterwegs. Der Weg vom Friedhof über die Klosterstraße hinauf an die ersehnte Schloss-Mauer, geführt hatte. Wobei doch so manch Genuss-Adresse wie die nach der berühmten Fanny´s erlesen Kuchenauswahl oder ähnliche nach <Ziegler> oder nach des <Hörhammer> gehoben Hotel-Küche auch gut und gerne benannt gewesen. Als bedauerlich de-vital umschrieben daher gekommen sind im bunten Ensemble der Altstadt. Während das Gesamtbild um Dachaus Gemäuer ein allenthalben aufgeräumt sehenswertes Abbild mit unendlich an stillen Ecken und Details unverändert zu vermitteln weiß. Deren Gesamt-Note bedauerlich des Biergartens Entbehrung an der Schlossberg-Brauerei oben, wehmütig und müßig vermissen lässt wenige Schritte bis hinauf zum Imperial im Exempel nach geschichtlich Schloss-Gemäuer und deren damals kaum berechenbar Statischer Nachweise auch.

Doch was man vor gut 100-Jahren schon den Münchnern anhand des <Bauern-Girgls> Lokalitäten unweit der Feldherrn-Halle weggenommen hatte, bekommt Dachaus Wirtshaus-Zunft im Emblem der versagten Einkehr mit Tradition im Kürzel „ZK" inzwischen zu spüren. Denn dort oben in Anlehnung an die

Schloßberg-Brauerei, nunmehr SPATEN – vormals im Familien-Besitz des angesehenen „Bräu" namens des honorig Groß-Grundbesitzers <Fam. Kurt Ziegler>. Hatte das Bräustüberl mit Kachelofen und wohlig Interieur dazu gehört, wie Münchens Aushängeschild namens „Hofbräuhaus". Dessen langjähriger Pachtvertrag von den Eheleuten <Seidl> gezeichnet war, gefolgt vom legendären Box-Champion „Vitus Lachner" in den frühen 70er-Jahren. Im Übergang von Udlding her – als wahres Schwergewicht mit Familie in Bergkirchner Erwähnung. Und mit Dachaus aller-schönstem Biergarten zur Seite, war man auch ehelich gut und gerne bekocht gewesen dort oben – stets von Stammgästen launig auch umgeben. Während in der Woche ein Mittags-Tisch für Dachaus Juristerei samt Bewacher stets frei gehalten war, indes man beflügelt von Mandat um Straf- & Zivil-Prozess rund um Münchens Gerichtsbarkeit. Bei meist vollem Mund ringsum – sich mit Vokabular aus Kanzlei und Gerichts-Saal gegenseitig zu übertreffen wusste. Nachdem wenige Fuß-Minuten nur von Dachaus Richterlicher Hoheit – Mandate kraft Rollenspielen zu-getextet „per Herr Kollege" Filmreif über die Bühne gingen. So als wäre gemeinsam verbrachtes Zeitfenster in der Oberrealschule samt Abitur über Bord gegangen. Bevor man sich zum Stell-dich-ein daraufhin, in bestem Einvernehmen eben am Jura-Stammtisch im <ZK> gut und gerne redselig eingefunden hatte. Vielleicht in der Gretchen-Frage, ob und inwieweit das Rollenspiel am Richtertisch schon angekommen war?

Soll im Gutdünken an Design und Aushängeschild – ähnlich ausholend an Chikagos „my kind of town" bis hin zu „Schärding hat was" unweit an Österreichs Landesgrenze am unteren-Inn.

Nichts daran hinderlich sein in Gedanken an eine huldigend herab grüßende <Diva> im designiert Alt-Dachauer Leitbild auch allegorisch bestrahlt mit unendlich an bunten Streichen und urig an manch Geschehnis still verbunden.Wie beispielsweise des Bürger-Sohns erwogen Gedanken gerichtet an Familien-Gründung – angereichert schon kraft seines mit Liebe ehern angefertigten Ehebettes, verortet und getestet längst schon im Abbild als des erlernten Schreiners Ägide von Verlobung verheißungsvoll beflügelt auch. Sollte dem jungen Glück dennoch das Schicksal beizeiten übel in die Parade noch gefahren sein – indessen nichts desto-trotz allem an Zuneigung kurzum über-Nacht jedweder Impuls danach abhanden schien. Gefolgt von Divergenz auch um ein eigentlich gemeinsames Ehebett – sollte des Beinah-Bräutigams Willenserklärung um des Erhalts nach zumindest einer Hälfte seines edlen Meister-stücks, freilich nach gekommen sein. Worauf er kurzum entschlossen mit Papas Pkw samt Anhänger vorgefahren kam, um mithilfe des Bruders dem Schlafmöbel bitterlich Trennung von Hand angetan zu haben. Noch zu Zeiten fern jedweder elektrisch betriebener Werkzeuge – war man eben mit des „Fuchsschwanz" begrenzter Effizienz zugange gewesen. Bevor die mit gebrachten Ziegelsteine der arglos zurück belassenen 2.Betthälfte, schließlich betulich rustikal noch ab-genötigt gute Dienste erwiesen haben sollten. Dorthin eben längs der Äußeren Münchner-Straße zu gewogen gut Alt-Dachauer Zeiten noch nahe dran bei <Ludwig-Thomas> geschichtlicher Muse und allegorisch erhaben nach Zeitenwende auf die 50er-Jahre nach Kräften beflügelt zugehend.

Als man sich vom Versicherungs-Vertreter noch dessen Leitspruch zu erzählen wusste – hast Du mei Lebensversicherung, dann bist Du heute gestorben, bevor Du tags-darauf schon Dein Geld bekommen hast, ha ha ha!"

Während sein im Wohnhaus integriertes Büro seither schon bei kurzem Weg zur Küche nahe dran gewesen war, nicht zuletzt seiner Libido wegen entgegen kommend. Worauf ihm seine täglich zurück weisende Ehefrau stets kurzerhand empfohlen hatte – „geh´ hinaus auf den Balkon und bete ein Vaterunser, dann vergeht´s scho wieder!"

Ließ sich hingegen auch ein schwer zu verarbeitendes Erlebnis an unserer Verkaufs-Theke kurz zurück geholt ins Kopf-Kino – mitnichten vermieden haben. Vergegenwärtigt gewesen – als ein Ofenbauer, hingeschickt damals noch zu unentbehrlichen Zeiten des Bauamts der <Staatlichen Schlösser, Gärten und Seen> mit feudal herrschaftlich Sitz in München-Nymphenburg. Bevor er am Lieferschein noch die Gedenkstätte erwähnt haben wollte, sollte es dennoch im Job des Ofenbauers kein Halten gegeben haben. Ihm in etwas verstockt anmutendem Duktus die rhetorische Anmerkung um diese beiden, wohl seit allen Dachauer Zeiten doch mitnichten je betriebenen Öfen, stehenden Fußes dinglich auch verlautbart zu haben. Worauf seinerseits nicht viel mehr denn der Hinweis um die beauftragte Überprüfung und gegebenenfalls auch nach Instandsetzung, zurück gekommen war. Benommen gewesen in Befindlichkeit wie in Front einer bizarren von weit hergeholten Halbwahrheit seither schon, während freilich deren

Anteilnahme nicht selten im Kontext zum Abbruch-Unternehmer arglos von außerhalb direkt hin mündet. Allermeist kurzerhand wie final eben losgeschlagen hörbar im Großraum Münchens.

So soll es trotz allem an unliebsam durchlebten Haupt- und Neben-Schauplätzen zuvorderst doch hierbei zu gelten haben, Ihnen meine durchaus umtriebig gewollte Lebens-Autobahn insoweit noch Facettenreich aufzuzeigen, verehrte Leserinnen und Leser. Allenthalben vom Alltag unweit von Partei-Politik, viel Geschäftsleben und mehr noch durchaus nach „gut und böse" im Wechsel anmutend bestrahlt auch. Dorthin am schönstem Hügel eines gelungen Dachauer Altstadt-Ensembles. Benachbart auch zur Landeshauptstadt anschaulich verortet seit weitaus mehr denn 1200-Jahren, weit vor München erwähnt schon. Indessen sich bei gebündelt um bieder Reinfall, Betrug und verdammt nach allzu viel auch an Fahnen- & Nibelungen-Treue manch unterwürfiger Frischgeld- & Devisen-Apostel und manch Seiltänzer mehr noch mit Titel. Dessen gebunden Pagina freilich insoweit doch verfasst als kleine Lektüre im Genre-Sachbuch. Zusammen-fassend sich daraus an Lektüre womöglich ergeben haben möge.

Dies schon im Abbild der freilich famos allzu bunten Abweichungen kraft Kirchturm-, Vettern- und Basen-Wirtschaft wegen auch im Landesteil schmucker Dirndl & Ledertrachten nach Stil-echt gezeichnet <Dachauer-Tracht> mitunter. Soll nicht minder oftmals auch das an leichtfertig gewährtem Vertrauens-Vorschuss manch Protagonisten samt Score und Titel gegenüber, Erwähnung finden. Alsdann ein erschreckend übles Ende auch ein andermal verwegen daraus genommen schien. Allenthalben im

Kontext nach zu Nimbus und Habitus insbesondere befindlich – schien wohl auch verfehlt adäquater Besetzung nach folglich manch Befindlichkeit dorthin belastet manch Irr-Weg vorgeführt gewesen. Womit in Ermangelung nach adäquat ausgewähltem Führungs-Personal doch vieles an Lateral-Schaden dann hinterher erschreckend haufenweise zurück gekommen ist. Und von Leuten und Figuren die Rede lapidar fortan geblieben ist – deren Auftritt mitnichten würde jemals dorthin aufgeräumt jemals nur gehört haben. Eben dorthin im Chor der fröhlichen Urständ nach Partei-politisch unbedachter Weiterempfehlung in geübter Leichtfertigkeit mit Schrecken müßig verwoben verfügend.

Eben dorthin auch verlandet mit Sitz der gebündelten Kräfte dann aus Willkür und komfortabler Selbst-Verwaltung ähnlich von Gemeinnützigkeit vollmundig besessen virtuell ausgehend auch als Alibi. Als hätte man sich abgemacht gehabt für ein illegales Autorennen dorthin auf meiner Lebensautobahn dafür getroffen auch – mit üppig an Preisgeld im Entwurf für ein Parteinah erzwungen, umwerfend korrupt zu erringendes „OBI-Bauzentrum“ auf des Landrats Agenda. Losgeschlagen in dessen Willkür zur „Wünsch-Dir was Sendung“. Deren Umsetzung wohl zum Zwecke der Partei nur erdenklich schien um OBI′s rührige Kassen-Zonen. Womit freilich dann im Bestreitens-Falle im Titel des Gewählten nur als Behörden-Chef, würde die Rede gewesen sein zum Zwecke der Partei.

Als vielmehr auch im Sinne nach des Landrats honorig Wunschzettel agierend – freilich auch übergreifend am Ressort seiner Disziplin nach zur Gewerbeaufsicht im Landratsamt, daran allerdings krachend vorbei schrammend. Schien rustikal erhaben und famos wie couragiert nicht minder über zuhauf an Leichtfertigkeit gewinnend hinweg sehend verfahren am Sparkassen-Platz. Um alsdann sich mitunter auch wieder gefunden zu haben im Wissen nach diesseits persönlich wirtschaftlicher Dauer-Schäden. Absehbar bis hinein ins hohe Alter. Was überboten schien im Gegenzug spendabler Prämien und Provisionen dort im Schlaraffenland leitender Sparkassen- & Versicherungs-Funktionäre. Direkt dorthin am <Bayern-Portal> im Haute-Volee Viertel Münchens. Des Zentral-Organs für fleißige Sparkassler alsbald im Job des Versicherungs-Agenten während der Freizeit – freilich auch tagsüber nebenher. Während ich im Nachhinein mit Blick ans Vorstands-Chor der Dachauer Sparkassler von damals, man an ein Verhalten würde durchaus hin gelangen. Als wäre man an der Mitterndorfer-Brücke an-gestanden gewesen im OBI-Fieber, um die vorbei geschwommen dorthin verursachten Konto-Leichen vom neuen Einkaufs-Park, zu beobachten. Vielleicht um erst-mal noch abgewartet zu haben dann zur Wieder-Vorlage schon einen Rang höher.

Während es an manch gut gemeintem Ratschlag damals für mich als Youngster am Markt ums Bauhandwerk noch – hinterher als Baumarkt-Betreiber erfasst gewesen. Alsdann im Reinfall mit Sparkasslern samt des Landrats wuchtiger Gier. Mitnichten gefehlt haben sollte in Gestalt des in Wahrheit verbeamtet assoziierten Gegenspielers dann an der Verkaufs-Front verstohlen angestoßen im Schein des Franchisenehmers von der Partei ohne wirklich Geld am Konto. Nachdem man mich zur Filiale für Haus & Garten hin-geholt zu überreden wusste als Starter am Einkaufs-

Park. Schon um des Notars Bereitschaft – der grünen Wiese über zig-Hektar das an Verkaufs-tüchtig „Gewerbe-Bauland" über-Nacht vorab entlockt zu haben. Während den Sparkasslern, längst mit Post vom Staatsanwalt daheim aufliegend, deren Muse zur Abarbeitung der Kauf-Interessenten am neuen Einkaufs-Park, mitnichten würde zu nehmen gewesen sein vor deren zeitnah verfügten Suspendierung.

Wollte mein Glaube an Sparkasse, Bank und Hausbank trotz begleitet in manch rüder Auffälligkeit noch gehalten haben. Während man sich politisch im Hinterzimmer längst einig gewesen schien darüber, des Landrats OBI-Fieber erst-mal noch aufrecht erhalten zu haben kraft abgelehnter Begleitung für ein diesseits wettbewerbsfähiges Projekt im System-hagebau. Schon um des Wettbewerbs in <freier Marktwirtschaft> nach gekommen zu sein. Wozu es aber nicht gekommen sein sollte, indessen des Landrats-OBI beherrschend Dachaus Kaufkraft als Vielfraß man bis auf weiteres doch zu nehmen wusste hin zur Auflösung alsdann nach Jahren in des Konzerns Holding-GmbH.

Während wie in aller Welt üblich – all´ die „Großen Dinger am Platz", von Sitten & Gebräuchen im Hintergrund Partei-politisch als auch privater Natur, nicht minder begleitend angetan waren um ein Facettenreich gebundenes Neu-Dachauer Spektakel dort am Einkaufs-Park. Als wollte man hingekommen sein ins rustikal angereichert Dachauer-Land – mit viel an Geschichte der Wittelsbacher, der folglich Europaweit feudal angereisten Herrschaft mit langer Robe erlaucht zum Stelldich-ein übers Vestibül hinweg schreitend. Treppauf alsdann zum festlich dekoriertem Schlosssaal zur ehrenwerten Begrüßung nach edel geführtem Protokoll. Während Pferd und Kutsche ums Eck in den Stallungen best versorgt untergebracht waren. Wusste man sich journalistisch der Gepflogenheit begegnend zu beugen nicht zuletzt im Wissen um überörtlich verfügte Gerichtsbarkeit bis hin nach des Münchner Nordens Stadtteil <Schwabing.> Ausgehend vom Dachauer Gerichts-Saal oberhalb des Karls-bergs unweit vom Eingang zum Schloss hin.

Bleibt mir während-dessen vor ruhmreich Dachauer Kulisse mit all´ den unzähligen Facetten einer heimatlichen Kreis-Stadt nicht mehr denn die Erkenntnis. Mit einer Hausbank virtuell nur zur Seite, die absolut schlechteste Wahl getroffen zu haben im Auftritt einer vermeintlich bieder agierenden Dachauer Kreis- & Stadtsparkasse im Selbstzweck für OBI-Dachau. Ohne jedweden Anspruch darauf, sich des Geschäfts-Titels einer Bank, jemals verdient gemacht zu haben. Vor einem Abbild an Mittelstands-Untreue – deren Abgründe aus Nord-Amerikanischer Sichtweise mit Fußtritt nach des allemal prosperierend Pioneers-Prinzipien folglich. Würde dies ob nach des Gouverneurs oder nach des Majors Sichtweise, nichts weiter denn Rauswurf und/ oder Verachtung des Sparkasslers nach sich ziehen. Dies umso mehr noch im Wissen, wonach des blind gewährtem Vertrauens des-weiteren der Griff nach der Privat-Immobilie für des dreisten Sparkasslers Spezl passabel schien. Womit einer Kreis- & Stadtsparkasse mit des Landrats allzu blinder Vertraulichkeit und Majorität eng verbunden – erst dann im Objektgeschäft schließlich das an Testbild gewogen anzustehen hat mit manch Risiko auch an Schreckens-Szenario. Schon um folglich ein endgültig vertrautes Bild schließlich zu erhalten um Firma und halb getilgter Privat-Immobilie. Bevor nach des diesseitigem Fazit, das Partei-politische Dekret des streng katholisch verbundenem Kreis-Vorsitzendem im Doppel-Job der Christ-katholischen Kreis-CSU. Aber auch alles Erlernte nach Bank-üblicher Praktika mitsamt Erwartungshaltung bis hin dann zur Sparkassen-Akademie – eben ab und dann besser in den Müll-Container sollte ums Eck im Tollhaus! Wie im Falle OBI-Dachau argwöhnisch und exemplarisch damals nach politisch gestrickter Maßnahme im Eigenentwurf hin zur Partei-Basis – Nutzbringend über Jahre verwirklicht gewesen.

Indessen es meines Startzeichens gewogen an Eloquenz nunmehr doch würde zuallererst bedurft haben im Anbeginn zurück noch in die 50er-Jahre dort am nördlichem Rande Münchens – gerne eingetaucht zu sein inmitten der Ära des umtriebigen Berg-Spezialisten im Rennsport um die Ikone namens des einzig immens eiligen <Sepp Greger´s> Fußspuren. Im Widerschein seines unerreicht ertüchtigten Fahr-Stils Seiner-selbst. Um gemessen daran am internationalem Renn-Bankett – als auch stets benannt gewesen am Start unter <Greger-München>, als eigentlicher Wahl-Dachauer auf der Piste.

Losgefahren gewesen viel-mehr schon im Nomen eben als die ursprünglich schon befeuerte Lichtgestalt im internationalem Automobil-Rennsport seit über Generationen hinweg souverän nach ganz vorne hin. War auf der Anzeigen-Tafel lesbar gewesen in Anbetracht wohl schon im Seitenblick auf das allgemein furios ausgetragene Berg-Kriterium auf 4-Rädern. Obschon der genutzten Piste nahe hierzulande in der Ideal-Spur rauf und runter gut unterwegs erkennbar. Als auch auf international entfernt zu bezwingender Austragung auf Beton- oder Asphalt in getunt aufdrehend an Leistung zugange – <Sepp Greger> schien als Marken-Idol doch seither schon gehandelt im Mittelpunkt ums Fahrerlager angetroffen gewesen.

Dessen mitnichten aufzuhaltende Fan-Gemeinde ihn mehr und mehr doch zum unerreichbaren Helden längst im Über-Eifer längst schon erklärt haben wollte. Als auch für all Diejenigen alsbald dann auch gehandelt gewesen im Fieber nach Dekor mit allem an erdenklich nur um die Trophäen im Symbol nach Siegeskranz & Pokal-Design dann fürs Zuhause. Was hierbei doch mehr in Absicht gewogen schien nebenher fürs umlaufende Bord der ständigen Auto-Ausstellung. Dort im Terminus des Dachauer VW-Stützpunkthändlers vor-Ort durchaus erdenklich. Als auch des Porsche-Vertriebs nicht minder gewogen mit der allenthalben unerlässlich <Greger'schen> Erfolgs-Etikette im Design am rückwärtigem Nummernschild beschaulich hinterher grüßend.

Indessen man ihm fortlaufend kontinuierlich wohl eine Art Aufwartung auf allen wichtigen Straßen im Automobil-Rennsport unterwegs – im Vakuum des Sieger-Syndroms Flügel-verleihend als Fan auch allzu gerne fortan gemacht haben wollte. Und das wo auch immer um all′ die errungenen Siege im Kriterium als unerreicht Alpiner Bergmeister & Champion aller Klassen mit Herz und Leidenschaft längs der Pisten. Während man ihn noch dorthin an der Piste in Gegenwart von Funk & Fernsehen emotional begeistert längst nach Kräften furios emotional geehrt und verehrt freilich gesehen haben wollte. Behelligt nicht geringer auch im Glanz des wahren Genius – in gewogener Aura mit des Helms Profil. Unbestritten generell dann als Erster im Ziel mit seiner Gattin „Traudl-Greger" eng umschlungen inszeniert am Fahrersitz alsdann im Ziel vor Film, Funk & Fernsehen in Reihe davor. So wollte er während-dem mitnichten trotz allem an Brigade aus Fans und Sog nach Verehrungs-Kultur. Doch jemals nur als der neuzeitlich <Dachauer Berg-Champion> gekrönt zum Start angemeldet wie Sieges-sicher losgefahren sein. Unterdessen vielmehr auch für ihn, des stets unerreichten Meisters all seiner Klassen und mehr an begleitend Bergkriterien.

Indessen seine Dachauer Wahlheimat betulich bisweilen dennoch unterdrückt geblieben sein sollte vom 3.Reich her eingeholt. Als gewogen auch in Befindlichkeit eben im damals noch brüskierend abgehandelt geführtem Kainszeichen namens <Dachau> – nicht minder auch bis in die 70er-Jahre noch breitbeinig mitunter hinein reichend gestimmt. So sollte es doch für den international stets unbesiegbaren Bergmeister am Steuer seines unentwegt immens getunten Porsche in Silberfarben, unter welchem Blickpunkt auch immer. Doch freilich einzig unvorstellbar voreingenommen seiner Teilnahme pointiert geschuldet, eben seines Image schon im Widerschein als Lichtgestalt im internationalem Automobil-Profisport seit jeher für die schaulustigen Fans aus nah und fern. Indes allenthalben doch sein Management ihn kraft des ohnehin designierten Sieger-Typs zum Start hin – doch jedweder Art an außer-gewöhnlicher Vorbelastung, würde man mitnichten ertragend jemals nur begegnet sein wollen.

Was unisono einer Befindlichkeit eben zutage gebracht war, deren Kriterien man in damals durchaus doch etwas erdenklich spießbürgerlich gelebter Mentalität im Dachauer-Land. Man freilich wohl eher kaum noch würde spontan je gefolgt sein wollen. Während der ideologisch angesehene Leuchtturm und Sieger-Typ namens eines Alpinistisch infiltrierten <Berg-Idols im Abbild einer Berg-Legende und absolut Welt-weiter Traum-Karriere. Präsent im Dachauer Abbild namens des <one and only> Sepp Greger>.

Man vor Begeisterung doch schon im Chassis gestimmt nahe Start & Ziel – ihn weder am Steuer seiner beinahe beängstigend hoch getunten Renn-Version seines teils apart gewandelt angefertigten Porsche-Kraftpakets in Superlative. Noch im Seitenblick aus dem industriell gehalten erlesenem Rennstall-Image entnommen gewesen. Als auch eines nicht minder Erfolgs-gewohnten VW- & Porsche Distrikt-Händlers beneidenswerter Super-Nova analog folglich aufliegend. Man doch dessentwegen schon mitnichten würde jemals nur in die Spur einer „Parade, quer gekommen" sein wollen auch außerhalb des Pisten-Verlaufs. Bevor er dann die kurz vor Start tunlichst noch höchst persönlich begangene Piste im kurz-atmigem Hinweis auf die wohl allzu verknappt bemessen wahr genommenen Bremspunkte. Grundsätzlich im üblichem Zeit-vorlauf noch klärend zum Besten für sich nach des Sieges Charisma infiltriert erkundet haben wollte. Allenthalben im geschäftlichem Alltag nebenher noch als Vermieter für üppig an erschaffen Wohn- & Geschäfts-Immobilien sowohl in Karlsfeld und München-Obermenzing. Unterhalten seither schon mit-samt der Greger´sch geführten Hotelanlage wohl unvermindert im Eigenbetrieb auch angelehnt. Während unweit eine Marken-frei betriebene Kfz-Werkstätte freilich in besten Händen mitnichten hätte noch gefehlt haben dürfen.

Wollte man ohnehin dieser im aller-höchstem <Score> ohnehin nur bemannten Rennsport-Symbolik im Design um eines unerreicht namentlichen Schriftzugs nach „Greger-München", längs der Piste emotional als auch berauschend hörbar fiebernd rhetorisch ausgerufen – Stimme und Gestik verleihend in diese Renn-Welten heraus gehauen gehört haben. Als auch im Vakuum eben um dessen nach <Persona-Grata> anmutend – einst im Bezirk aus der Hopfen-Hallertau direkt hin nach Dachau frohen Mutes und voller Dynamik übersiedelt gewesen auch um die schnellen Autos. Sehr wohl nach Erfolg gestimmt einst hin gekommen. Bevor er dann nach wenigen Jahren schon das grandiose Spektakel auch um die angesehene <Greger Racing-show> in Münchens Olympia-Halle. Mit besten Vorzeichen noch beschwingt ins Portfolio mit aufgenommen haben wollte. Eben als Derjenige erneut zugange, ohne dessen fiebrig Personen-Kult man über viele Jahre sich eben mitnichten würde jemals auf der Asphalt-Piste wie unisono am Berg. Wohl das an Siegreichem Kraftmessen von „Fortuna" allemal in Würde gut bestrahlt. Sich wohl mitnichten anderslautend würde je vorgestellt haben wollen. Während man auf Kundenseite hingegen eben von „Greger-Dachau" – Alltags-tauglich noch im Kontext zur Mahag-München, zu reden wusste. Allenthalben ohnehin Markt-beherrschend mit-samt Gebietsschutz an der Vertriebs-Front, noch zu München-Dachauer Zeiten eben im Geschäft. Indessen schon der Begriff im Aufschrei nach Wettbewerb, ähnlich der

Rabattschlacht oder dem nach des Preis-Tieffliegers würde allemal bei ohnehin halb-jährlicher Lieferfrist. Nicht minder denn Kopf-schüttelnd nach befremdend Gebaren würde überschattet gegenstandslos aufgenommen gewesen sein.

Analog in zeitlichen Radien vergegenwärtigt, als man eben zuhauf noch mehr lediglich nach des geboten Verteilungs-Modus der Industrie-Produkte auf 4-Rädern anmutend an der Tafel stehend. Wohl gerade-mal im Kontext aus der Wolfsburger Tages-Produktion, zuhauf eben verknappt zu hören bekam. Und eines Idols namens der Größe eines <Sepp Gregers> weithin berühmtes Konterfei und Personality, stumm grüßend am rückwärtigem Nummernschild – insbesondere dann im Thema nach des Porsches angehoben Lesart angereichert schielend. Sollte indessen einfach als eine Marke mehr doch obendrauf unisono dazu nach Muse und Brauchtum schon, eben dringend auch dazu gehört haben.

Nicht minder im Sinne eben des Deutschen allerliebst gewonnenes fahrbar persönliches Aushänge-Schild darauf still schweigend angestoßen auch. Dessen Chassis im nächsten Schritt doch als dessen allzu gerne doch frisch gewaschen vor dem Haus oder Wohnung geparktem Abbilds fürs persönliche Image. Sich in Heils-bringender Tauglichkeit und Pose gewogen Dienstleistend zu präsentieren weiß im Sinne des Prestige-Objekts erbaulich Widerschein.

So schien meiner Ankunft am Dachauer Altstadtberg (400 Höhenmeter) damals anno 1947 ‚nahe der heutigen Lokalität „Zur Kupferschmiede" – als Ur-Enkel des einst angesehenen München-Dachauer Kupferschmieds-Blümel. Allenthalben noch Jahre dazwischen gelegen, zur damals noch verwoben eben inklusive nach erworbener <Gerechtigkeit> in den Büchern per-Saldo eingetragen. Was unisono für die damals gut 150 Münchner Braukessel inklusive derer aus den damals rund <10 Dachauer> Brauerei-Betrieben vor-Ort oben-d´tauf samt des Landkreises Braustätten. Eben noch daraus hervor gegangen schien. War indessen allenthalben vorgetragen vollzogen gewesen dann kraft willfähriger Übersiedlung einst direkt vom Ufer der Salzach in den „Burghauser-Grüben" Grenznah abgehend.

Als auch vom Salzburger-Land stromaufwärts ausgehend – war vielmehr im Abbild als des Vaters & des Sohns namens des <Blümel Andre> und dessen Sohnemanns namens des <Peter>. Eben die Rede gewesen noch zu Zeiten hierzulande – als man sich damals des Inbegriffs Dachau als auch in Münchens Landeshauptstadt willfährig aufgehoben zugegen. Allenthalben freilich nicht minder der berühmten Dachauer-Malschule, mitunter noch als Sitz des Amtsgerichts auch für München-Schwabing, akkreditiert gewesen. Man sich durchwegs wohl mit nicht minder Stolz ermutigt – doch allzu gerne freilich auch zu artikulieren noch gewusst hatte. Zu Zeiten noch, als man sich im Stolz und Gedeih als Firmen-Inhaber im Dachauer-Gäu – eben nur als „Herr" innerhalb des Familien-Clans hätte anreden lassen wollen. Was auch seitens der Ehefrau noch im Sinne des hoheitlichen Gebieters einzuhalten war. In deren Händen zum

Abendessen angerichtet – die Aufschnittwurst nur an die Stirnseite des Tisches abgestellt war. Bevor „der Herr“ dann einzeln verteilend, den beiden Töchtern wie seinen drei Söhnen deren Ration mit der Gabel gediegen zugereicht hatte. Bis hin zur Ehefrau noch ums Eck.

Schien fern jedweder Befindlichkeit in diesen Zeiträumen noch jedweder verkorkster Ideen nach des Teufelswerks in <Goethes Mephistos> Coups analog des Mrd.-Deals im Kontext Partei-politischer Auswüchse nach konstituierend verschwörend erwogener Ansprüche. Als man in Order nach eines Dachauer Landrats unternehmerischer Zweckentfremdung im Fokus nach Persönlicher Agenda angediehen über den Platz gezogen war. Man daraufhin im Geäst teuflisch übel zurecht geschmiedeter Unwägbarkeiten im Anschein an des Mittelstands Dasein im OBI-Fieber. Flügel-verleihend dort unten nahe an Münchens Grenzverlauf hin zur A 92, des Gewählten Machtanspruch an die OBI-Regale im missbräuchlich geübtem Job des Dachauer Landrats in Eises Kälte doch zu nehmen wusste. Ausgerichtet gewesen auf bedenkenlos abgefälschter Spur zur Saat der Gewalt dann an neu arrondiert wie aus-gelobt Dachauer Shopping-Area km-weit abgelegen von Dachaus Altstadt. Nach parlamentarisch auf-geplanter Ordnung umgesetzt dorthin „Am Schwarzen Graben“ an Dachaus Außengrenzen hin zur Landeshauptstadt. Worauf die Bejagung des Mittelstands in Order eines Landrats teurer Jahrhundert-Sause im angekauftem Franchise-Modus, Erfolg und Anerkennung ums Partei-Feuer mithilfe der Orts-Presse freilich lobend auch eingebracht haben musste.

Und Dachaus Glaubensfähigkeit dabei in erschreckend abgefahrenem Spagat geschönter Presse-Meldungen ins Boot zu holen war. Als ließe Derjenige Behörden-Leiter im Amt in der Doppel-Rolle mit dem Partei-Zepter grüßend, sein Lebenswerk bei OBI-Dachau in Händen eines <Multiplex vom Landratsamt> Heils-bringend geschönt angeworben haben. Dessen Indienststellung insgeheim doch auf Kosten der Allgemeinheit den Phantasten vom Hausrat mit Partei-Abzeichen – ohne jedwedes Kapital ins Rennen geschickt haben wollte. Auserwählt für sich und die Seinen von der Partei als eigentlich „Zahnloser Tiger" und virtueller Franchisenehmer nur bei OBI-Tengelmann, sollte dessen Vertretung des Landrats auch kraft des Marktleiters anderweitig am Laufen gehalten sein. Was sehr wohl besorgt durchgeleitet war über die folgsam treuen Apostel in Order des multilateralen Landrats und Abenteurers vom Sparkassen-Platz. Dorthin im Dachauer Wonnegau kraft gut angelegt Öffentlich-Rechtlicher Ausreichungen im Eigenbedarf für die Partei nebst des Bürger-Büros in der Altstadt im Anklang für Mehrheits-Beschaffung.

Geschehen noch zu Zeiten der Anfänge am Neu-Dachauer Marktplatz dort unten „in Ost" – eben die Rede war, dorthin nach „Neu-Griechenland". Wo man doch mitnichten hätte jemals nur gestorben sein wollen im Volksmund. Sollte indessen man besser doch vom „Negativ-Preis" des kommerziell aufgenommenen Polit-Deals im jäh verleumdet Dachauer Handels-Jahr, damals vom Pseudo-Fieber bei OBI angetrieben. Man besser schon mal verliehen haben für des Kommunal-Politikers hanebüchen Art-fremd mittelständischen Streifzug übers Dachauer-Land. Indessen betulich daran man auch verwoben war im Zeitgeist doch in der

2.Hälfte der 70er-Jahre. Hin-gewählt in Händen eines Landrats als Youngster im Lande. Sollte man schließlich mit vollen Rohren dann an OBI´s vollmundiger Kassen-Zone, Partei-politisch aufgeweckt gut dabei gewesen sein. Bei nicht minder voller Tatkraft als Ober-Sparkassler im Dekret einig auch vorgedrungen. In Eigenschaft auch als Sparkassen-Chef kraft seiner Schaufenster-Politik ohnehin nach Kräften darüber hinweg täuschend geräuschlos verbunden gewesen. So schien daraufhin über-Nacht schon mal militant man auch nach gekommen – um sich als Baumarkt-König von Tengelmanns Convenience-Linie für des Investors doch alleinige Interessen. Mittelständischer Ambitionen folglich gegenüber nach Kräften behauptet zu haben.

Als auch vorgestoßen gewesen nicht geringer als Derjenige aus dem Hinterhalt zugange am Handels-Platz – nach dessen Kür man unverhohlen Wasser zu predigen versteht. Und daraufhin Wein sehr wohl auch seither schon bevorzugt zu genießen wusste. Bevor er seines Adlatus Terminus vom Sparkassen-Platz wohlweislich gestimmt das an Schlachtruf noch mit gegeben schien – „sieh bloß zu, dass Blümel´s Auftritt im Triple dann als Baugeräte-Händler & -Vermieter mitsamt seiner Baumarkt-Filiale an Dachaus Verkaufs-Front im Allein-gang. Kraft des Christ-sozial zugedrehten Geldhahns – alsbald dann dem-sicheren Ende entgegen zu sehen haben wird und abgedrängt von des Landrats los geschlagenen Begehrens Man alsdann eben final kraft seiner eingesetzten Partei-Marionette an der luziferisch verminten OBI-Front. Schließlich Blümels Ambitionen unbezwingbar nach „k.o." abgeschlagen, alsdann eben mit leeren Händen vom Platz des Scherbenhaufens wird zu gehen haben, so der Agenda nach.

Nachdem im Geheiß eines Landrats aus dem Schwarzbuch-Verlag nach ureigen Selbst-Bestimmung im SB-Laden. Man sich kurzum eines mittellosen Franchisenehmers aus politisch besetzter Reihe für Franchise-Dienste zu bedienen wusste im Paradoxon einer Marionette in Trachtenleder.

War für diesen kapitalen Selbstläufer von Tengelmann – benachbart mit <Mc Donalds´Dachau> – eben außerhalb jedweder Willkür des Konzerns solider Geschäftspolitik, aller-dings nach Jahren vor sich hin brummender OBI-Kassenstände auf der kommunalen Super-Nova. Die Stunde der Wahrheit im Konzern-Gewölbe um die Dachauer Franchise-Legende mit-nichten aufzuhalten. Gezeichnet von zutiefst bösem Erwachen auch für des ertüchtigten Landrats und des völlig entrückten Partei-Vorsitzenden Befindlichkeit. Sollte nichts Geringeres denn Tabula-Rasa sich daraus im Doppel-Pack zurück zur Wahrheit ergeben haben. Im Ziel – um des weisen CEO vom Konzerns Head-Quarter in Mühlheim/Frankfurt a.M. Sich des Missbrauchs und Vettern-Wirtschaft abtrünnig über-Nacht erklärt zu haben um des Lizenzgebers Hauseigen Status. Dann analog kraft OBI-Holding in Dachaus neuerlicher Devise nach Ordnung.

Indessen im Vakuum der Stunde hin zur bitteren Wahrheit – folglich dem Partei-politischem Bündel an Geschmeiß um versündigt OBI-Dachau. Alsdann aufgelöst instrumentalisiert eingewechselt war in eigener Dach-Organisation unter vielen Standorten mehr im Konzern. Und Dachaus Zeitenwende „unehrenhaft" wie umfänglich auch zu Diensten angestanden war. Während der inzwischen längst neu besetzt wie gewählte Träger um des Dachauer Landrats-Postens, hingegen von alledem mitnichten würde wohl jemals ein Stück-weit nur belastet sich je gesehen haben wollen.

Auf Territorien – deren Böden Blutgetränkt übersät, eigentlich jedweder Art nach Korruption und Lügen-Welten mitnichten würden ein weiteres mal noch tauglich gewesen sein, unisono im Abbild nach Rang und Titel. Besetzt von Leuten mit Weisungs-Anspruch – für deren Fußabdruck auch dorthin nirgendwo wollte jemals nur Platz vorhanden gewesen sein. Unweit der Pulverfabrik – zur Kriegserklärung anno 1914 – geschuldet nach Münchner Dekret, voll-tauglich unisono errichtet gewesen des Hitler´schen Regimes geschuldet auf bäuerlich rustikalem Dachauer-Landstrich. Man eben diesen mitnichten je zuvor gekannten Nazi-Schrecken redensartlich dann übermächtig initiiert übergestülpt hinzunehmen hatte. Bevor mit der grausam umwobenen KZ-Idee in Befindlichkeit der Unwahrheit direkt hin zur Besserungs-Anstalt als Muster für mehr noch an derart Abwegigkeit auch anderen-Orts noch übers Land hinweg am Plan. Insofern ein unerträgliches Zeichen mehr damit gesetzt war. Gefolgt vom Indikator im Sinne nach angeblicher Sorge um biologisch gesunde Ernährung der armen bedauernswerten Häftlinge „im Lager“, wie unter der geschönten Aufschrift „zum Kräutergarten“ erörtert spitzfindig nach geschoben. Eben dorthin auf schweren Böden für Wachstum, wo nicht minder schwer bewaffnet vom SS-Posten am Wachturm zu Diensten auch überwacht. Man alsdann allenthalben bei Regen, Schnee und Kälte ohne Handschuhe gnadenlos an Außenarbeiten zur Anpflanzung zu verrichten waren. Bevor man doch in erster Linie frisches Gemüse für sich mit-samt Familie in die unweit befindlich noch heute beinahe arglos kurzum dort bezeichneten SS-Häuser. Man unisono alsdann nach Dienstschluss unbesorgt und unbeschwert auf den Weg in väterlicher Sorge verlogen nach Hause zu bringen wusste.

So ist derzeit i.J. 2024/25 – erbaulich vom Film-set zur Dokumentation dieses erschütternd Elend und Grauens im Titel <Der Kräutergarten> auch neuerdings veröffentlicht die Rede – während bislang noch mitnichten würde gesprochen sein darüber. Woher wohl dieser damals völlig neu erfundene Schleudersitz bzw, dessen bestrittene Methodik zur Entwicklung bis hin dann zur industriellen Serien-Fertigung. Allenfalls den Anfang würde je doch genommen haben. Eben vielmehr dorthin in nächster Nähe im Augenschein um des immens weiten Kräutergarten-Areals, diesem Standort für unerträgliches Grauen im Rahmen einer Test-Konstruktion – wie eben eigens dafür errichtet gewesen. Während-dem wohl keiner der Jet-Piloten hinterher im Nachtflug-Training zur Wende nach Jahren über Dachau zurück dann nach „Fürsti". Eben davon würde jemals nur Ahnung gehabt haben bis hin in die späteren 70er-Jahre noch – wonach 2-tsd.Fuß unter seines Cockpits die ersten Versuche seines Equipments um diesen hoch technisierten Faktor-Schleudersitz. Absolut fern jedweder Humanität bisweilen unter Zwang brutalst auch hingenommen statt-gefunden haben mussten.

Bevor die Fertigung in Serie dann unweit davon in den BMW-Hallen bei Karlsfeld/Ludwigsfeld – in Besetzung nach Art und Weise einer üblen Zwangsarbeit fern jedweder nur erdenklichen Humanität und Empathie. Gestreng eben unter Aufsicht scharf bewaffnet dann mit aufopfernder Bereitschaft vonstatten gegangen war. Und jedweden Pilot´s Denkweise im Sinne an Begehrlichkeit in der Hoffnung – dann im Bedarfsfalle noch aus dem Cockpit unbeschadet heraus zu kommen wäre und schließlich daraufhin wieder am Boden in Sorge nach des Überlebens zurück zu sein. Nach des Konstrukteurs Vorlage und Ideen-Vielfalt unbestritten nachzukommen war.

So soll es nicht zuletzt eines Fotos geschuldet in den USA folglich aufgelegen – schon auch mal Besuch eines Künstlers namens eines Johannes-Hesters im Lager-Dachau auf das Kriegsende zu noch gegeben haben. Wobei der Holländer der Aufforderung, sich seines Bühnen-Auftritts vor den KZ-Jergen und Befehlshabern viele Jahre hinterher dann. Bis auf seinen Abschied hin wohl mitnichten wollte zumindest klärend eingestehend noch mit Haltung würde ernsthaft bemüht nachgekommen sein wollen.

Gegenständlich einer Atem-beraubenden Tragödie im Alltag des Gefangenem-Lagers damals – worauf wenig später doch die Ankündigung um die Ankunft der mutigen US-Forces im Mai 1945 unter vorgehaltener Hand über-Nacht wohl hörbar wurde. Deren Mission im Angriff des Schreckens – von Augsburg her nach des „D-Days Grauen" am Atlantik, vollen Mutes nach Hilfe dennoch herüber geeilt. Man schließlich krachend wie anrollend im Griff mit schwerem Geschütz auf Ketten. Dann kraft unendlich ermutigt wie Sieges-bewusster GI´s im Anmarsch auch der Canadien-Forces integriert. Man daraufhin im Schlachtruf „Rainbow", lauthals erwogen die Auflösung des KZ-Dachau in stramm <USF-Order> nach Kräften erstürmend daraufhin herbei geführt hatte. Wie mit Sitz dann daraufhin in den Weiten des Areals an den „Eastman-Barracks" fest gemacht dort unten am Gate zum seither dann ernannten <J.F.Kennedy- Platz Dachau>. Wie Staatstragend aufgenommen auch dann im vergoldet Bayernweitem Wirtschafts-Boom der mittelständisch blumig bunten 50er- Jahre – dem rustikal neuerlich lukrativen Zeitfenster daraufhin dann. Umgeben im Dasein der GI´s eben seither dann als krönende Besatzungs-Macht im Einsatz missionierend für München-Dachau, fulminant wie Heils-bringend Friedens-vertraglich ausgerufen umgesetzt gewesen.

Was nebenher bei monatlicher Vergütung kraft Wehrsold nach der immens wundersamen <4 zu 1> Mengenlehre noch Heils-bringend vergegenwärtigt. Folglich im Geheiß eben nach des US-Dollars anhand 4-fach höherer Umrechnung in wert-gestellter Währung der neuerlich reformierten-DM damals schon – eben einer Deutschen Mark in Prägung nach dieser bahn-brechenden Währumgs-Reform von anno 1948 zu Gunsten der GI´s eingepflegt blumig zurück gekommen war.

Und demzufolge alsdann verwoben mit <vier> eben davon erhältlich <Deutscher-Mark> für einen einzigen US-Dollar dann auf die Hand in der Tasche des hoch erfreuten GI´s Ansprüchen gut und gerne doch geschuldet gewesen. Und davon inspiriert, dessen Aufenthalt stets mit neuen Bavarian-Friends und insbesondere „German-Bavarian Fräuleins" am Biertisch im Lokal. Alsdann meist vom GI allzu gerne auch frei gehalten gewesen. Und verknappt dann an Bruchstückhaft Verständigung, bei daraufhin mehr nach Zeichensprache und viel nach lautstark „Prosit der Gemütlichkeit" Ballade erwogen. Schien durchaus nicht minder weit-um kommunizierend man noch gut hörbar gewesen. Und indessen allzu gerne profitabel das auch beipflichtend verstanden war, stets zum Wohle der Bedienung im beliebt geführtem Dachauer Gasthaus gleich ums Eck. Das ohnehin zum futuristisch längst gewohntem Bild in der Stadt erklärt war. Sollte daraufhin dann in Bierselig wie kernig Bayerisch-Amerikanischer Gemütlichkeit einfach schon mal mit dazu gehört haben. Und meiner Generation kaum oder eher selten doch verständlich nachvollziehbar voran-gehend darüber an Nazi-Greuel, daheim nacherzählt worden war – bevor ich meine allererste USA-Reise über NYC /Manhattan i.J. 1977 in unbeschreiblicher Erwartungshaltung befeuert angetreten hatte.

Und gewogen wie indirekt wohl auch verschwägert infiltriert – mich die Spur schon dorthin nach wie erwähnt „Martin/ Tennessee" zwischen „Memphis" & „Nashville", allzu gerne auch gleich geführt haben wollte. Und eines zuallererst schon verspürt ähnlich nach Sidekick anmutendem Verhaltens in Augenhöhe dorthin bei „out of town" – in „Jim´s PKW Marke-Dodge" hoch motorisiert hin geführt haben sollte. Indessen der Kauf eines bevorzugt edlen Cowboyhuts in Wildleder – dort draußen in rustikal Memphis-County vorgefahren, doch dessen Inhaber mich spontan ermutigt haben wollte dazu. Eben meiner direkt nachgefragten Heimat das Kainszeichen nach des inter-national berüchtigt „Concentration-Camps" allenthalben spontan unaufgeregt gezielt nachgeschoben. Nicht minder rhetorisch hinterfragt zu haben vor „Jonny Cashs" <Ring of Fire> – wie geradewegs aus dem Lautsprecher rustikal unüberhörbar zum Besten hörbar. Als auch umgeben bei wohl erhalten Country-touch und Flavour nach echt Wildleder vor den über-vollen Regalwänden im Cowboy-store mit Stil da draußen „out of town".

Erwogen bei etwas nach Jetlage auch gemessen – alsdann bei insgesamt nach einer Distanz von weitaus mehr denn 10-Flug-Stunden noch über Frankfurt/Main-Airport pünktlich gestartet gewesen. So wollte man folglich erstmals mit meiner geliebten Heimat dann aus weiter Ferne brandeilig und neugierig auch schon ins Gespräch gekommen sein. Was nicht minder doch im Spagat nach einer außergewöhnlich Heils-bringend anmutenden „Out-door Romantik" dort im Sattel der Pferde, im Geäst nach small-talk als Kulisse im Laden befeuert angemutet schien. Sollte alsdann hingegen dennoch zwiespältig vor-Ort befindlich dann überlagert wie verunsichert schon eher mal angestoßen auch verwoben gewesen sein – dort im Fachgeschäft edler Lederwaren Tagträumend verweilend.

Und umgeben nicht minder von Aura seinerseits um seine Handelswaren inszeniert nach Muse im Country-Rhythmus auf dem Rücken der Pferde aus der HiFi-Anlage dorthin-gehend. Was nicht minder gehalten schien danach – ob nach Schuhwerk, Zaumzeug und Pferdesattel, der echten wie amerikanisch gestylt Filmreifen Cowboy-Stiefel mit eher doch Pflichtgemäß halb-hohem absolut stabilem Absatz. Sollte unvergessen auch des urig Stiefel-Ausziehers oder der unendlichen Reihe noch angegliedert an Cowboy-Hüten dekorativ an weitläufiger Laden-fläche präsentiert erhalten geblieben sein. Als auch nicht minder dieser

Idee zur Ausfahrt dorthin weiterhin eine lohnenswerte Empfehlung gut und gerne doch erhalten geblieben war noch bis heute. Bevor ich dann seinen Händen deutend entnehmend – fortlaufend Hüte vor dem Spiegel wahlweise aufgesetzt bekam, um eine Kauf-Entscheidung absehbar dann auch getroffen zu haben schon als Souvenir hinterher dann im Gepäck über-Kopf im Flieger. Alsdann im Gefühl zurück nach <home-sweet home> an Munich-Airport, dennoch gerne wieder in der unvergessen gewogenen Dachauer-Heimat aufgeschlagen zurück. Als auch einher-gehend geeint mit all′ der guten wie weniger davon behaftet erleuchteten Seiten und Befindlichkeiten im nunmehr ganz normalem Wahnsinn alsbald wieder daheim in der Firma zurück.

Bevor es dann im Österreichischen Mattsee nahe Salzburg durchaus ähnlich angestoßen auf mich zugekommen sein sollte – dorthin im Nachsatz einer doch vom 3.Reich her, wohl sehr belastet Weltweit auch immens überschatteten Vergangenheit anmutend dort am reizvoll erhaltenem Seeufer nahe bei Mattighofen. So deren Kommentar folglich in dieser klein und urigen Biertisch-Runde damals unweit von der kleinen Marina – integriert gewesen an dieser launigen Frühschoppen-Runde bei etwas Argwohn an mich nur gerichtet. Als auch insgeheim an diesem Samstag angetrieben gewesen in der Bierselig humor-vollen Männer-Runde zu Gast – nicht minder von dieser Bestie namens des AH aus Braunau im Inn-Viertel ausgehend eben beschwerlich die Rede gewesen war.

Sollte ich generell umso zurückhaltender geworden sein seither dann im Hinweis lediglich kurz & bündig alsdann bei gediegen gerade-mal nachgebessert verlautbart wie „dorthin per Adresse unweit Münchens", möglichst unbefangen im Wortlaut angetastet. Als auch allgemein verständlich eben im Thema um den Aufenthalt und Wohnort insoweit noch im Nachsatz eben inmitten auch dorthin angestoßen. Wo man sich des Führerbaus direkt an der Münchner Arcis-Straße, seither doch des einzig Bay. Konservatoriums Pforten gewidmet und parlamentarisch geeinigt weiß für des aparten Klassizismus der Musikkünste angediehen Hochschul-Studiengangs. Analog anberaumt seither räumlich in Flügel-verleihend Fluidum und Akustik. Man sich dennoch gut und gerne integriert zu fühlen vermag im Chor der Kommilitonen verweilend – um die pädagogischen Werke bis hin zu Akkorden und Tremolos bei endlos beflissen umspielter Anschläge aus den Wogen der Harmonielehre auch. Man allenthalben rauf wie runter bei gut und gerne zuhauf an Blue-Notes auch in schwarzer Halbton-Taste wohl gestimmt angeschlagen, seines gerne gewählten Studiengangs folglich auch nachzukommen wird bereit sein wollen.

Deren Klang und Klaviatur – man in der Idylle einer Altstadt namens Dachau, wohl ehrbar gestimmt nach des Formats der Ansichtskarte synonym schielend danach. Würde meist doch näher gewesen sein wollen – dies ob im Anklang des verantwortlichen Chor-Leiters vom Josef Effner-Gymnasium und seiner Big-Band der Ober-Primaner oder im Exempel der vor-erwähnten Podien oben im Schloss-Saal zuvorderst wohl erdenklich.

Als auch gewogen im Thoma-Haus zur Begeisterung voller Stuhl-Reihen, man immer gerne und graziös Muse vorgetragen aufnehmen möchte. Dies ob vokal oder instrumental – man eben Raum und Akustik genial dafür vorgegeben bekommt als auch zur Verfügung unisono dazu würde einladend verstanden sein. Nachdem es dem architektonisch gewachsen Dachauer Altstadt-Ensemble strikt erwogen war über all´ die vielen Jahrzehnte hinweg – auf wenigen Fuß-Metern nur des Berg-Rennfahrers <Sepp Greger> geschäftliches Adressat direkt neben den MD-Papierfabriken am Fabrikberg in industrieller Befindlichkeit. Als international seither angesagt schätzenswert München-Dachauer Produzent glatt gestrichener Papiere – einst schon von Münchens Isar-Auen übersiedelt gewesen mit weit mehr denn tausend mal Mann und Frau an Mitarbeiter-Stamm in Lohn und Brot. Hier wie dort überwiegend im Schichtdienst nur zugange. Und seither unangefochten an führender Position im Industrie-Verein der Stadt stolz notiert gewesen noch vor den landesweit bekannten <Herta-Schweisfurt Wurstwaren>. Per Adressat zu Dachau als auch dorthin nach Herten/NRW zu weitaus vormaliger Zeit schon im Industriegebiet-Dachau, Großflächig mit aller-ersten Fußabdrücken um des Investors namens <Karl Schweisfurth> industriell beheimatet gewesen.

Bevor Münchens Transatlantisch zuhauf international beherrschende <Löwenbräu AG> schließlich mit Kaufabsicht dann vorgefahren kam zur überörtlichen Zwischen-Lagerung bei kurzer Distanz nur direkt hin zum Münchner Brau-Viertel. Unterwegs auf Münchens heimatlich befruchtend wie längster Nord-Achse. Als auch abgehend seither vom Hauptbahnhof namens der Dachauer-Straße, über Mü.-Moosach allenthalben dann auf Haus-Nr. 667 namens MAN-München-Karlsfeld direkt hin zur Würm-Brücke zulaufend. Man alsdann schon von der Münchner-Straße alsdann im Dachauer-Gäu im Seitenblick zu Amper und Würm seither schon beheimatet zu reden weiß. Wie im Nachsatz neuerlich zur Erschließung der zunächst bis München-Moosach erschlossenen Trambahn – festgemacht zur Erörterung an deren Sinnvoller Erweiterung erdenklich bis hin nach Dachau-Bhf..

Indessen nicht minder gerne an Dachaus Nähe provinziell auch anknüpfend in Planung – mag das personell bürgerlich erwogen wohl aus der Landeshauptstadt mit Blick auf des letzten Dachauer Landwirts Bauernstand noch namens des „Michl-Bauern" als einzig treu seiner Art. Damals betont originell freilich angemutet haben. Als auch des wirklich beschließenden Vertreters bäuerlicher Stände, war wohl in Befindlichkeit noch um des „Michel-Bauern" Landwirts Vieh- & Milch-Tradition – in direkter Nachbarschaft neben unseres Wieninger-Hofs Rückseite zur Gottesacker-Straße hin. Nach dorthin eben, wo ihn meine Vorfahren um die erwähnt Blümel´sche Kupferschmiede, nachbarlich beheimatet mit seinem treuen Ackergaul mitsamt des Ross-Knechts aus polnischer Herkunft. Sicherlich gut und gerne wohl seither schon gekannt haben wollten.

Und folglich man ihn wohl herkömmlich fleißig gewogen auch schon immer in Eintracht mit dem Acker-Ross mitsamt des Knechts in Kost & Logis auch gerne doch benachbart gewusst haben wollte. Unisono zurück bei Tageslicht – wenn er dann wieder heimwärts zurück war vom Hügel draußen in Webling oder in Steinkirchen her kommend. Als auch unweit vom hoch gewachsen schlag-bar schwerem Einschlag um erhöhend gesundes Breitenauer Fichten-Holz. Indessen man ihn stets mit frischem Gras oder ein paar schwachen Fichtenstämmen mehr noch auf dem Einspänner zünftig gewandet und gewohnt mit zuhauf an Inbrunst verladen Feldgut gerne gekannt hatte. Bevor dann die gebückt verhaltene „Alte Baderin“ dort von der Krankenhaus-Straße wie nicht anders erwartet, längst schon mit Kehrbesen und Schaufel auch eilends hinterher gekommen war im Über-Eifer für deftig wuchtig an Salat-Dünger. Indessen ihrer Gier nach des Endprodukts aus des Pferdes kurzatmiger Inbrunst nach Verdauung, umgehend blumig nachgekommen war.

Sollte das trotz allem um das Wohl der Alt-Dachauer Originalität längst nicht würde zur Genüge gereicht haben – bevor es noch der Ersatzlosen Erwähnung um des urig historisch anmutend Schmied-Ottos Antlitz, von der unteren Schloss-Straße würde bedurft haben. Dessen Aura befeuert war mitsamt seiner Provinz-treu funkelnden Pupillen am Amboss stehend – nahe des traditionellen Schmiedefeuers im Widerschein. Darf auch der nicht minder fotogen wie filmreif doch anmutenden Szenerie anheimelnd reflektierend dorthin im Abbild um des Michels gutmütig treuen Acker-Gauls geduldig vor der Tür zur Schmiede stehend – mitnichten fehlen. Dessen Geduld kraft nach des edlen „Kaltblüters-Genetik“, ihn unaufgeregt davor stehend zum Beschlag neuerlicher Hufe in stoischer Ruhe. Durchaus ehern hatte daraufhin warten lassen. Vielmehr eben in Erwartung auf die noch von Hand geschmiedet überaus robusten Huf-Nägel zuallererst darauf hoffend in des Schmied-Ottos kernig erfahrenen Händen zur warmen Verformung.

Während ich seines doch allzu gut gemeinten Ratschlags noch aus den frühen 60er-Jahren – schon im Hinweis auf sein bevorzugt erwähntes Debüt um „die legendäre Walz" noch bis hinauf zum Stadt-Staat nach Hamburg-Hafen und zurück. Freilich mitnichten würde jemals nur in Vergessenheit geraten lassen wollen. Gefolgt auch davon im Leitspruch um die seinerseits erkannt wie diesseits mental doch absolut verfälscht ohnehin doch gewählte Haustechnik – befindlich wie im Wortlaut „Bluemel, Du gehörst doch längst schon hinaus in die weite Welt!" Worauf es Jahre später dann auch allenthalben so noch gekommen sein sollte – hinauf längs der Sauerland-Linie bis direkt hin ans Werks-Tor der Gesenkschmiede um die Gerüst-Industrie der Qualitäts-Marke <plettac> in Plettenberg. Nach dort oben hin im Sauerland/NRW – der BAB-Abfahrt Winterberg, alsdann weiter auf der Strecke bis hinauf dann zur Metropole um die legendäre „Westfalen-Halle" nach Dortmund.

Wovon ich ihm zu meinem Bedauern längst nicht mehr hätte biologisch altersbedingt würde erzählt haben können. Während des Schmied-Ottos Aura eben des Dachauer Originals weisem Haltungsanspruch und Wesensart – stets als Derjenige im Gedächtnis erhaltend. Dessen Wohlbefinden an gesunder Aura, Eigenart und Dialektik selbstbewusst gewogen, er absolut selbstbestimmt auch standfest zu verkörpern wusste. Dorthin eben ausgerichtet – worin sich das Dachauer-Land um eines Autors

Namen wie dem nach des einzig <Ludwig Thomas> Landesweiter Vita, wohl seit Jahrhunderten schon allzu gerne doch unverhohlen seither bei jung und alt gewogen auch wiederfindet. Als auch alleine dessen Wort-Witz schon um des Erkennens an urig Heimat-treuer Besonderheit geschuldet, ihn wohl fortan zu Tinte & Papier hatte auch literarisch zugreifen lassen. Um in heimatlich rustikalem Duktus & Syntax an gewogen Bayerisch rustikal beeinflusster Redegewandtheit und Mundart-Wurzel ohnegleichen freilich an geschliffen Intellekt und Wort-Witz – breitbeinig vorgetragen. Sondern dorthin auch angetrieben gewesen – zutiefst über Drehbuch eben hochkarätig poetisch nachgekommen zu sein. Wobei sein etwaiger Umgang um die Leviten all´ den munteren Gesellen nach eines sogenannten in Ehrfurcht nachgesagten „Haberern Eintracht gediegen Erhalt“. Wohl allenthalben sich des uralten Brauch-tums um Sprachwurzel. Gewichtend nach des volkstümlich ausgerufen Schimpf & Schandes Lexika nahe. Nach seither gewohnter Befindlichkeit und Übermaß an selbst-bestimmt Eigenheit, sich als sein Markenzeichen wird für alle Dachauer Zukunft wieder gefunden beibehalten haben.

Als auch gewogen nach der uralt angetrieben tugendsam Gepflogenheit Bayerisch heroisch Bürger-Rechte im Wortlaut des alt-herkömmlich überliefert erhaltenen Haberfeldtreibens bieder Wehrhaftigkeit – gegenüber mit Haltung und Stolz bewahrt und umgänglich möge beibehalten sein auch. Würden sich folglich dessen Alt-Dachauer Erfahrungen wohl bislang fehlend mitnichten überliefert erdenklich erhalten haben. So schien es ihm des einzig leibhaftig unsterblichen <Ludwig-Thomas> mental absonderlicher Eigenheit im Abbild seither – schon im Stolz seiner absoluten Andersartigkeit wohl sehr daran gelegen. Sich als das Dachauer Original im Exempel insbesondere doch stets aufs Neue ums Naturell und Muse danach aufgespürt sich wieder gefunden zu haben. Dies schon in Sorge auch für Sprachschatz und Dichtung insbesondere. Als Derjenige auch, der hingekommen war im Vakuum als Rechtsanwalt damals an Adresse dorthin hinauf zur Schloß-Straße längs der rechten Häuserzeile. Indessen er wohl befangen schien hingegen von Welten nach Kunst und Muse gefordert. Adäquat eben dieser unverwechselbaren Kulisse nahestehend gewesen in Dachaus Altstadt – als auch bevorzugt erlegen gewesen dorthin-gehend, so sein gebührend Fazit unisono um manch seiner Gehalt-vollen Überlieferungen aufschlagend.

Dies unisono ob dort oben vor Farbe & Kulisse auf dem urig blumig sehenswertem Dachauer Wochenmarkt zugegen – wo auch das lebende Tier, ob Spanferkel, Huhn oder der Stall-Hase bei mäßig doch nur an Streicheleinheit. Geduldig des Käufers Laune mit Spannung abzuwarten hatte. Und bei viel und gut hingegen an Mimik und Gestik, lautstark inszeniert wie fotogen durchwegs gewogen ohnehin inszeniert aufgeboten waren wie dort zuvorderst freilich beim alten „Sau-Michel" – wie seit eh und je rustikal und schwer gewichtig blumig aufgemacht. Man sich eben dorthin an diesem sehenswert antiquiert anmutendem Verkaufs-Stand – des selten urig und absolut wetterfest schwer gewichtig seither angetriebenen Inhabers. Als auch des seither längst allgemein Stadt- und Land-bekannten Betreibers der damaligen

Bezugsquelle für des kleinen Geldbeutels auserkoren Fleisch-Essers Gelüste aus den Vorräten der Dachauer Freibank-Metzgerei dort droben am Herbstbergerl zugange.

Einer eben allenthalben nicht geringer auch befeuert echt aufrecht gehaltenen Dachauer-Freibank wohl seit Gründer-Zeiten schon beaufsichtigt öffentlich geregelt eben verfügbar erhalten. Unisono eben im Geheiß dieser Nahrungs-Quelle dann für Notschlachtung rund um die schmale Geldbörse und so manch Gratis-Fleischstück auch mal noch mit verpackt dabei gewesen war. Eben dort oberhalb am Laden-Tisch der Inbrunst direkt nach Bar-Zahlung und Übergabe. Was freilich seither schon nicht minder obligatorisch vorgehalten war auch für die mit manch Patina versehen groß und rustikal vernarbte Leder-Tasche in umtriebig rauen Alltags-tauglich absolut nach des ungepflegten Fleischers. Freilich meist zart-rosa kalten Händen und unzähliger Fleischhaken an der Wand auch malerisch dahinter.

Wäre indes der legendäre „Sau-Michel" dort am Haupt-Eingang zur Dachauer-Wies′n verortet, doch schon mitnichten samt seiner fest und stabil gebaut dunkel-haarigen Töchter freilich jemals nur fotogen wie malerisch doch wegzudenken gewesen. Nicht minder wie stets heiß bestrahlt nebenher seit allen Dachauer Wiesn-Zeiten im Auftritt vor seines Stadt- und Land-bekannt wuchtig verschweißten Hühner- & Enten-Grills. Dessen nach eigenen Entwürfen In-dienst gestellte Version nach Abbild der Sonderklasse für Maßanfertigung und Über-Format am legendärem Eingang zum Festzelt auf der „Wiesn". Dann im August eines jeden Jahres keines Besucher Blickes entgehen darf.

Indessen man in Dachau allgemein doch seither schon viel zu halten weiß auf bunt Markt-Szenerie und Bodenständig gewogene Fieranten-Treue – eben all´ den treuen Markt-Lieferanten aus nah und fern gegenüber. Dies allenthalben ob im Original um des Pfingst- oder des Herbstmarkts getreuer Aufwartung wie seither schon nach Brauchtum abgehalten, längs der oberen Freisinger-Straße mit Anbietern im gemischten Sortiment. Indessen eben mehr im Sinne nach des gelungen „Treff" vor-Ort, weniger der Kauflust wegen der Gang nach dort oben das gemeinsame Ziel seither ist an diesem Markt-Sonntag in der Großen Kreis-Stadt Dachau.

Oder dorthin-gehend angestoßen eben um die These folglich nach des einschlägig doch „sehen und gesehen werden" im Austausch nach Befindlichkeiten „as very amused". Alsdann angestoßen in den Nachmittags-Stunden auf den Beinen auf Filmreif rustikal verlegtem Kopfstein-Pflaster zugange, wie seit Dachaus frühen Gründer-Zeiten brachial verlegt schon für Ross und Reiter. Als auch am Obst- & Gemüsestand endlich angekommen, wo man sich seit ewigen Zeiten schon amüsiert verhält am Dachauer Wochenmarkt über die heraus gehauenen Sprüche des mental aufgedrehten Händlers – der es eben durchaus auch „gut kann" mit den Leuten. Schon in Erkenntnis dorthin, dass man sich Zeit nimmt für ihn und sein lockeres Sprachorgan im Geäst unzähliger Bandbreiten. Indes sein Auftritt ähnlich verwoben daher kommt mit Blick auf die letzte Nordsee-Tour nächst der Küste dann bei <Cuxhaven> – im blumig erleuchtend Widerschein dort oben doch um des einzig „Banana-Joe´s markig Vokabular angediehen. Dessen vokaler Silben an hanseatisch

Duktus feurig verlautbart gut rüber zu kommen hat an Bord. Was freilich Tonnenschwer zu Wasser seither allzu gerne dort oben Seetüchtig angeleint festgemacht am Zeitlosen Kai der Nordsee-Küste, eben einfach dazu gehört. Dort oben auch in Bremerhaven traditionell mit fortan lautstark Sonderangebot „doch für Dich nur, mein alter Freund!" Womit der Banane Tonnenweise über den Tisch dort am Unterdeck für fortan Absatz und hanseatisch erzeugte Stimmung, gut und gerne nur Sorge getragen ist. Dorthin an Bord „bei Bana-Joe´s alltäglich „munter lautstark Küsten-Treff ´" mit Tradition der Hanse!

So vermochte das an Vokabular um die Banane und deren Besitzwechsel im Wochen-Rhythmus in Dachaus Lesart bei anderslautender Harmonie des Käufers Lachmuskeln, durchaus ähnlich berührt haben. Was dennoch aber zur Bühne nicht minder gereift gewesen schien als unersetzliche Komödie bei Tage – mit selten gewogen umspielter Anziehungskraft und absolut eingepflegter Lexika, ob an der Waterkant oder hier im Zentrum echt Alt-Dachauer Sprachwurzel und mehr damals noch verlautbart. Und zum Geschäfts-Vorgang als solches zurück – eben wie gewohnt auch frisch und frei angepriesen, man freilich herkömmlich in der großen Tüte nur in Geld-gierig unruhigen Händen zum Eigentums-Übergang gehalten war! So gehörten vergleichbar der späteren Kreisstadt Dachau – doch schon zu Marktzeiten noch vor der Stadterhebung. Doch seit jeher schon die unzähligen Gesichter auch an Originalen, Überlieferungen und rustikal gewogen Nacherzählungen einfach nur dazu um manch eher merkwürdig persönlich gelebte Eigenarten insbesondere. Als würde man im nächsten Schritt durchaus schon von Schauspielern erheiternd überliefert geredet haben wollen dann am Tisch dort oben anschließend zur gewogen Einkehr dann beim „Kraisy", beim „Birgmann" oder des gern bürgerlich erwähntem „Unterbräu-Wirts" auch an der Augsburger-Straße. Dessen Bierkeller an der Burgfrieden-Straße mein Opa einst erworben hatte. Während meist zu Tisch unweit der obligaten Kartenspieler nahe des Domizils um des Abbilds als unverwechselbar nach Stammtisch gut lesbar ausgewiesen war für den fremden Gast auch. Was alsdann aber mit besonderer Allgemein-Pflicht und Anspruch im Abbild des Bürgers nach des Dachauer Einheimischen-Modells still unerwähnt wie unabdingbar versehen war.

Hätte sich der legendäre Thomas Rauch sen. sein ehrenwert anerkanntes Verhältnis zur Dachauer Feuerwehr, nur einen Steinwurf vom Alten Feuerhaus in der Klosterschule – freilich mitnichten das je nehmen lassen. Dies wohl schon des Donnerstags angesagt Stammtisches wegen, als man seitens der Feuerwehrler sein üppig Platzangebot, vollends in Beschlag zu nehmen wusste. Wäre das vom Löscheinsatz zurück – zu welch Tages- oder Nachtzeit auch immer, kaum anders vorstellbar gewesen. Wäre da anfangs der 70er-Jahre nicht der Eigentumswechsel an die Fam.Steinlechner jäh dazwischen gestanden. Worauf den sesshaften Mitgliedern um Dachaus allerbeste Wehrhaftigkeit zur Brandbekämpfung, deren gewohnt wie allzu beliebt gewonnenes Domizil allzeit genommen war. Dessen man sich allerdings mitnichten schweigend würde darauf-hin nur verhalten haben wollen – indessen zumindest ein Votum her musste, um quasi mit Widerstand daraufhin seines Ärgers noch Abbild und

Luft skandierend verliehen zu haben. Bevor man nach inzwischen schon entfernter Dacheindeckung hoch über der Wirtsstube, sich auf ein Speicherfest dort oben auf des vormaligen Speicherbodens. Freilich allzu gerne doch geeinigt haben wollte. Um mit deftig vom Grill und Fassbier gezapft, zumindest für ein paar Stunden insoweit noch Protest allzu gut verlautbart zu haben mitsamt launiger Rock-Musik live.

Womit man ähnlich vielleicht durchaus anmutend war dort im Hinblick manch Staatstragend Rechtsfreier Räume. Eben in Befindlichkeit nach des Freiland-Modells Abart wie dort drüben am legendären Hyde-Park auf der UK-Insel in London-Towns „grüner Lunge" zelebriert. Dessen Höhen und Tiefen bekanntlich reserviert immer nur Sonntags für den geübt Sprach-begabten Vertreter der allzu gut doch nur gemeinten Meinungs-Äußerung. Ablaufend hörbar sind dorthin im Sinne nach der <one and only British Allgemeinverbindlichkeit> in Eintracht erbaulich entnommen. Und wie ohnehin längst gewohnt schon – dabei lautstark gestikulierend auch einstehend bei manch Szenenapplaus und steigender Emotion vor-Ort anmutend. Weiß man alsdann eben insbesondere, sobald ein weiterer Kumpan zumindest mit dabei in Front zugegen ist. Alsdann zum Auftakt nach ehern Stilbruch, Land und Leuten auf seiner wöchentlich interaktiv wie rundum skandierend nicht minder lautstark umspielten Park-Agenda. In gewöhnlich Befindlichkeit weit-um hörbar auch im hiesig gewogenen Heimspiel um die Seinen in steter Sorge anders verlautbarter Rhesen. Eben gut hörbar Stellung auch dabei zu beziehen.

Indessen hierbei hingegen dorthin eben in herkömmlich Alt-Dachauer Lokalität etwas eingebremst daran sich übend – man sich dort aufzuhalten pflegt, wo man halt einfach dazu zu gehören hat als ein absolutes „must have" des Hauses seit Dachauer Zeitrechnung. Wie allenthalben doch schon seit jeher traditionell an Tischen gewahrt, Sollte es während-dessen freilich für den anspruchsvolleren Dachauer Gast, an gehoben Küche und Interieur dann beim „Hörhammer-Bräu" als auch beim „Zieglerbräu" zeitlos für des Gastes Wunsch mit Karte und vollen Händen im Anspruch anhaltend zugegen. Wie ohnehin nicht anders zu erwarten – indes bei gut und gerne etwas mehr an Frisch-Geld samt Trinkgeld dann für Speis & Trank angesagt, als auch insbesondere Sonntags gerne auch bereit gehalten war darüber-hinaus. Wie man das zu allen Dachauer Zeiten doch schon gekannt hatte an der Bahnhofs-Restauration vorbeieilend. Während man sich im Thema der Lokalität namens des einzig „Zieglerbräu" nächst des Rathauses, in zeitloser Innen-Architektur wohl hinsichtlich deren käuflich vollzogenen Übereignung inzwischen an die Große Kreisstadt. Sicherlich einhellig parlamentarisch eins gewesen war um dessen Beschluss im Sinne freilich der Nutzung im Erhalt für Behördlich weit ausladende Büro-Räume mit Blick nach München.

Während man zum Geschehen des Wochenmarkts zurück, meist direkt daneben besser doch beim „Birgmann" – vormals auch als eines der Dachauer Brauhäuser, rustikal, gut und gerne eingekehrt sein wollte. Eben dorthin wo es zwischen der <Hypo-Bank> und einem unserer Häuser im Eigentum meines Blümel-Opas, ein 1m-Meter-breites Gasserl seither schon gegeben hatte in beiderseitig unbeschriebenem Besitztum. Dessen stilles Dasein verwunschen gerade-mal als das „Scheiß-Gasserl im dialektal-Duktus nun-mal urig benannt war. Als auch für manch oftmals überraschend bäuerliche Notdurft nach Ankunft auf dem Schlepper – unisono männlich wie weiblich fern von Freiers Füßen bieder kleinstädtisch vollführt gewesen. Das allenthalben meist zum Wochenmarkt eben nicht selten dürftig verstohlen auch brandeilig dann herzuhalten hatte als urig Selbst-verständlichkeit in den Morgen-Stunden. Bevor es dann noch zum Romig Franz-Xaverl hinunter ging für Besen, Hausrat, Kälber-Strick und Kuhkette. Dort wo man sich um seines Xaverls-jun. alsdann Jahre später zur In-Dienststellung im Auftritt als des Strohmanns Job mit Erfolg bemüht hatte im Anschein für OBI-Dachaus munter klingende Kassenzonen. us Partei-Relevanz und Romigs verhaltenem Anspruchs-Denken.

Um folglich nach Jahren dann bei vorzeitig herbei geführtem Ende des Skandals in Landrats Gier und Begehrlichkeit zur Frischgeld-Abschöpfung. Alsdann freilich befristet im langen Arm des Landrats um des Konzerns untergrabener Lizenz-Hoheit – man eben verifiziert gehalten schien in Romigs-Job als Sonder-Beauftragter innerhalb des unumstößlichen Partei-Kaders gerade-mal auf Zeit. Ausgetragen gewesen dann im Text nach des „Tango-Korrupti“ im fliegenden Wechsel – vom aller-Kleinsten alsbald schon zum Allergrößten hinreichend als Branchenführer. Vollführt im Schatten der allzu folgsamen Sparkassen-Jünger vor Ort im Dekret des Landrats als „Hehler vom Dienst“ zugange.

Doch zurück an die Waterkant – wäre unsere lobenswerte Kreisstadt wohl ohne des „Zugeroasten" wie namens des <Onkel Heinz>, doch mitnichten das an „über den Tellerrand hinaus" jemals nur geworden! Als Derjenige Neu-Dachauer im Aufwind, dessen hanseatische Sprachfärbung trotz familiär absolut gepflegt Ober-bayerischer Mundart – über Jahrzehnte hinweg sich einfach nur gut Halt verschafft hatte. Während seine Vita ihm darüber-hinaus ohnehin über glückliche Zweisamkeit hinweg, den Sohnemann neben drei vorzeigbaren Töchtern zum Besten zu verleihen vermochte.

Schien während-dem sein hanseatisch aufgebotener Humor inmitten der erwähnten Gilde um die Eintracht der Schützen-brüder im Emblem der namhaften <Erheiterung>, eben als gewogen Teil der Eintracht unerlässlich gewesen über seine Fußabdrücke aus „Dachauer Jahrzehnten" hinweg. Bevor es dann an diesem Schützenabend in der kleinen Veranda beim Ziegler-Bräu – stets freitags unter Freunden, oben im Anschluss an die obligatorischen Schießübungen noch zu einer munteren Altstadt-Sause samt des Einsatzes im Holz-Schubkarren, noch gekommen war. Und Onkel Heinz als geselliger Mittelpunkt, wohl etwas zu tief ins Glas geschaut haben wollte. Und niemand im harten Kern der Bruderschaft hätte weg gehört haben wollen im brisanten Thema – eben im Kontext zur Schubkarre aus dem Abendland, wie man das Dingen Augenscheinlich vom Hinterhof beim Ziegler her eben seither schon gekannt hatte.

Und schließlich allenthalben ein Wort auch das nächste schon hervor zu bringen wusste – bis man am Schluss dann dorthin angestoßen schien. Der lautstark hanseatisch heraus gehauenen Spaß-Gaudi Leuchttürme kraft des selten liebens-werten Schützenbruders namens des Onkel-Heinz. Hier und heute doch ordentlich nach Mitternacht im Konvoi dann im Zauber einer Art Zwischen-Welt – gebührend heimgeleuchtet zu haben.

Indessen man ihn in fröhlicher Runde blumig über die abendlichen Stunden hinweg noch bei Laune zu halten wusste, nachdem er die angesagte Schützenscheibe bei großem-Kino und Vereinsrunde doch gewonnen hatte. War man daraufhin nicht untätig direkt hin zur Theke gewesen im Wunsch nach des Schlüssels zur Entfernung der uralten Mistkarre von der schweren Kette. Respektive des historisch wie fotogen angekettet Dingen im Hinterhof der allseits beliebten Lokalität dort oben „beim Ziegler-Bräu". Dessen habhaft geworden zu sein im Drang aus uralt Dachauer-Zeitrechnung – auch weil Onkel Heinz des Uralt-Brauchs um die Vereins-Runde doch unverzüglich auch nachgekommen sein wollte.

So schien man seitens der Freitags-Runde inzwischen das Vorhaben samt aller Details nach Pontius und Pilatus doch schon mal schmackhaft in Reihe gebracht – während man bei Onkel-Heinz insoweit vor leeren Gläsern gut und richtig auch in der Zeit nach Mitternacht gelegen hatte. Schien während-dem des gut Angerichtet-Terminus mit-samt der Einsatz-bereiten Mist-karre auf lautstarken Eisen-Rädern, jedweder Zweifel fürs logistische Einmal-eins und dessen Gelingen längst schon genommen.

Worauf zur Tat geschritten werden sollte – Onkel Heinz indes ohnehin gut gestimmt schien auch dafür in bereitstehend gewogen Eintracht, unbesorgt zur nächtlichen Heimfahrt längs der Freisinger -Straße hinab rollend. Und ohnehin Großes-Kino angesagt war anlässlich seines Erfolgs mit der Scheibe in Händen – alsbald mit seinem Namen auch versehen dann für daheim an der Wand. So wollte man ihn eben wie damals noch auf des urigen Einradlers Bretterrost in Händen seiner getreuen Vereins-Brüder just verantwortbar. Als auch fern jedweder Dementi – schien man von seinem Einverständnis in Hilfe-stellung ausgehend, sich der letzten Details noch ein letztes mal befragt zu haben, so der Nacherzählung folglich seitens der honorigen Fahnenträger im Design der <Erheiterung>. Bevor man ihn Heils-bringend auf die Karre gut komfortabel unterlegt – schließlich seitlich gut gesichert und absolut Transport-fähig gerüstet, dann „just in time" schon mit vereinten Kräften aus dem Hinterhof im Straßentauglichen Abbild. Unbesorgt in Händen des körperlich auserwählt absolut gestanden Mitglieds gebührend anvertraut an des Schubkarren Griffen eingesetzt. Als auch umgeben wie flankiert im Acappella-Chor aus etwas mehr oder weniger alkoholisierten Kehlen. Ausgehend von 2-Dutzend Stimmungs-frohen Schützenbrüdern erfrischenden Mutes gut zugange. Schien breitbeinig in-gang gesetzt man alsdann auf abschüssig rustikalem Gehweg – schließlich des Scheiben-Siegers Tor-Tour Meter-für Meter der Heimat willfährig näher gebracht angestoßen.

Während es dann im Kreise des Begleit-Personals beizeiten noch die Runde gemacht schien, wessen beflügelt Ehre zur Übergabe im Geheiß des inzwischen eingeschlafenen Onkel Heinz an seine sicherlich längst zu Bett gegangene Aller-Liebste – an der Haustüre dann würde in Betracht zu ziehen sein. Von alsbald aufziehenden Erklärungs-Nöten zudem geschuldet. Was ihrem schmucken Nachtgewand nicht minder geschuldet wie befreiend gewogen zudem sein sollte unmittelbar auch ihr gegenüber Aug in Aug stehend. Bevor es dann kraft vieler Hände – Respektvoll noch gegolten hatte, Onkel Heinz alsdann aufgerichtet schon – steil nach oben hin in Richtung Schlafgemach noch Vereins-treu und Satzungs-getreu auch betulich begleitet zu haben.

Und nicht zuletzt noch aus weiblich gefühlvoll warmer Hand des „welcome-drinks“ geschmeidig an Frucht-Aroma noch genossen zu haben. Sollte es schließlich auch dazu noch gekommen sein – Onkel Heinz Pfründe, neuerdings aufgewertet in Form der gewonnenen blumig bemalten Schützen-Scheibe gegenständlich. Alsdann im Schluss-Akt noch gebührend wonnig an seine Ehe-Frau im Morgenrock von Herzen übermannt sonor überreicht zu haben. Angereichert nicht minder im Fokus des Spektakels auch. Indessen der Anlass zum guten Schluss noch vor dem losgesagten Abmarsch beizeiten auch ein weiteres mal noch geklärt sein sollte – möge man in Vorstands-Ebene sich noch des Logbuchs gewogen Eintrags von Hand geschrieben und Herz-zerreißend mit Zeichnung freilich versehen haben.

Um vor-bedeutend schließlich absehbar nachgekommen zu sein um des lieben geselligen Schützenbruders Onkel Heinz von der Waterkant dort oben. Der sich damals kaum hier unten mit der Reichs-Bahn noch angekommen und feurig empfangen, vor zig-Jahren schon in ein fesches Dachauer Mädel inmitten aus der

Altstadt für alle Zukunft anhaltend wie nachhaltig auch verguckt
haben wollte inmitten des hiesigen Farben-frohen Geschäfts-
Erlebens. Verortet in allerbester Lauflage dorthin am Dachauer
Altstadtberg oben.

Während-dessen nachdem er eingemeindet war – so den
Nacherzählungen folglich, sicherlich des Brauchtums Muse sich
auch aufgeschlossen gezeigt haben wollte. Schon um sich
Sonntags eben gut und gerne auch Dachauerisch befindlich
gestimmt zum Kirchgang in St.Jakob aufgemacht zu haben. Um
beizeiten zugange gewesen zu sein – nachdem die 10Uhr-Messe
alias im Begriff seither nach der stillschweigend auch angesagten
„Modenschau" für den heran wachsend weiblichen Teenager
allem voran im Terminus angekreuzt war. Freilich bis hin auch an
die Schwelle um die „60 plus Frau", eben nach des Pendants über
des klerikalen Laufstegs auf kaltem Kirchen-Steinboden
gestöckelt längs laufend. Man auch dafür angerichtet ausgehend
war im Chor der vielen Gläubigen. Bevor nicht minder für manch
Eva sicherlich daraufhin allzu gut noch an Gesprächsstoff
aufbereitet in der Hinterhand verborgen – eben bis hin eine Woche
später dann am selben Laufsteg zur gleichen Zeit, klerikal
gestimmt man erneut zurück gewesen sein sollte.

Während man sich am Berg oben wohl seit allen Dachauer
Zeiten auch am Schießstand – nicht nur der Treffsicherheit wegen,
längst schon wöchentlich gerne getroffen hat namentlich der
Karlsberg-Schützen auch. Eben sofern der Schießstand funktionell
auch vorhanden war wie beim Zieglerbräu oder beim Hörhammer
mit-samt der Kegelbahn meist auch in weiblicher Begleitung. Und

über das Blattl-schießen manch Ehrgeiz freilich losgetreten war bis hin dann zur nächsten Scheibe schon über dem Esstisch. Nach dorthin eben, wo man auch für des Dachauer Faschingsgängers maximalen Lustgewinn doch mehr-mals beizeiten gut Gelegenheit geschaffen hatte für bunte Maskerade, Tanz und Stimmung weiter hinten dann ums Eck in der Bar. Unisono für des Karnevals-Profi Erwartung – möglichst unter gewogen bengalisch anmutender Beleuchtung eben auch gut angerichtet war.

Sollte freilich auch für des launig verschmust Jung-Gebliebenen Dachauer – des Filous Wunsch nach Spekulation und Phantasien mehr, sicherlich stets doch nur zum Besten vorbereitet gewesen sein eben für diese Nacht seiner Träume. So schien indessen auch des hiesig angesehenen Metzgermeisters feminin gepflegter „Marktplatz" saisonal blühend eröffnet aufgetan, schon um dem Tanzvergnügen im Seitenblick zumindest noch ein Stück-weit an Fleischeslust. Verstohlen in Befindlichkeit des Tastsinns daraufhin bei allzu schwachem Lichtschein cremig aufbereitet zu haben. Wäre da nicht die über-reagierend ereifernde Metzgers-Gattin aufgebracht unverhofft dazwischen gekommen, um der allzu hübsch aufgemachten Tanz-Partnerin im verträumt schillerndem Netzstrumpf. Gut gestimmt an ihrem Liebsten beinahe klebend schon. Um ihr weit ausholend hörbar, im Handumdrehen eine nächtlich schallende Ohrfeige kraftvoll verpasst zu haben. Und des meisterlichen Kuss-Vergnügens und womöglich zarter Berührung mehr noch, damit ruckartig schon der Vergangenheit zugeordnet war alsdann verehelicht gediegen wieder in den Saal zurück. Und des Metzgermeisters befeuert

Leidenschaft selbst zur Dachauer Faschingszeit sehr beschränkt eben wahrzunehmen war in Sorge um Dachaus ehelicher Standards.

Während man sich vom Faschingstreiben der Dachauer Künstler-Vereinigung schon der Ideen-reichen Maskierung um die famos im Unikat gewonnenen Verwandlungs-Strategen wegen, stets freilich nur die allerbesten Auftritte bei gewogen an Sex-Appeal freilich auch zu erzählen wusste. Meist dort unten in der 65er-Turnhalle abgehalten. Gehörte allenthalben den Bällen der Feuerwehr wie der Schwimm-Vereine bis hin zu Treu-Kolping alljährlich das Haupt-Augenmerk oben im Schloss, beim Hörhammer als auch beim Zieglerbräu auf Dachaus Tanz-Parkett inmitten der bunten Altstadt-Treffs seither schon dazu.

Während sicherlich vieler-Orts wie in Dachau auch seither darüber-hinaus schon, so manch Spar-Verein oder auch Stopsel-Klub genannt gewesen war. Dort im Geheiß nach des mitgeführten Synonyms wie des Stopsels in Form ähnlich einer Geldmünze in der Hosentasche. Um für den Fall des Vergessens, eine Art Abmahnung im Gedöns für den Kassenwart loszulassen zur gut gemeinten Aufbesserung der Vereinskasse. Wäre doch damit nicht genug gesagt an Dachauer Volkskunde – indessen auch die Gilde der Freizeitmaler alljährlich im Herbst vor ihren Werken zu stehen vermag dort unten an der Brunngarten-Straße. Und so manch Werk des Hobby-Malers den Besitzer bei kaum EUR 1-tsd. kurz entschlossen auch betulich wechselt, alsdann an die Glaserei zur Einrahmung weiter gereicht mit Blick dann hinauf auf das Wittelsbacher-Schloss zur Gemälde-Aution der Woche.

So wäre auch für den Geschäfts- oder Freizeit-Piloten neben zuhauf an Golf- und Tennis-Arealen, nur allseits gut angerichtet und vorgesorgt vor Münchens gern erwähnten Toren. Und daran angrenzend an das Areal feuchter Wiesn-Gründe dorthin im Dachauer-Moos oben – eben genügend auch an Start- und Landebahn namens des „Aero-Clubs Dachau", seither freilich bereit gehalten ist. Eben dorthin, wo auch mal der zivile Hubschrauber – durchaus industriell bedingt respektive Geschäfts-notwendig tagsüber Gebühren-pflichtig per Hand-zeichen gerne gesehen aufzusetzen weiß. Eben dorthin im Anschluss daran – wo man über des Großgrundbesitzers Alleinmacht von anno dazumal sich noch heute zu erzählen weiß. Eben einer Entwurfsplanung oben im Stadtbauamt zur Vorlage eingereicht – allerdings erst hinterher dann, nachdem das Bauwerk längst schon der Form halber in Vollendung zur Nutzung über-gegangen ist. Bevor man ihm dann kraft markig an geschäftlich Persönlichkeit, Charisma und viel an Grund & Boden auch. Unverzüglich den begehrt runden Behörden-Stempel – samt des malerisch gezeichnet Konterfeis des Bürgermeisters darunter. Direkt neben des Stadt-Baudirektors launischer Unterschrift im Kodex der Ärzte, wie man das doch allzu gerne beizeiten gleich mitgegeben haben wollte.

Und für Desjenigen Begehrlichkeit – der in der Musik irgendwann noch was geworden sein will – möge für dessen Musikalität neben privaten Musik-Lehrern doch die „Dachauer Knabenkapelle" als auch die neu gegründet wie famos aufspielende „Dachauer Stadtkapelle". Sicherlich bereichernd und adäquat auch zur Verfügung befindlich angesteuert darüber-hinaus wahrgenommen sein. Nicht ohne des Hinweises auch auf die volkstümlich gestimmten Vorträge aus den Kehlen um des Instrumental gewogen Klangfarben des dafür wohl auch begleitenden <Dachauer Dreigesangs> seit vielen Jahren schon zur Buchung bereit gelistet.

Während-dessen auch die Pferdefreunde mitnichten würden auf Dauer alleine verblieben sein wollen dann zum Ausritt beizeiten im Sattel ihrer treuen Warmblut-Rösser – wofür eben je ein Verein in oder bei Dachau mitsamt Koppel üppig meist auch zur Verfügung steht. Ähnlich im Dasein auf Wegen um unsere Dachauer Ski- & Bergfreunde – wofür man kraft des Ski-Clubs vor Jahren schon fürs Wochen-Ende oder mehr, eine komfortable Berghütte unweit des Schliersees in Miesbach – kraft überwiegend an Eigenleistung, auch gedeihlich zu verwirklichen wusste. Deren durchaus mit Mauerwerk im Erdgeschoss massivst geschaffene Bauart man mit direkter Zufahrt bis annähernd direkt hin zum lohnenswert in etwa halbstündigem Aufstieg in geeignetem Schuhwerk versehen zu nehmen weiß. Während-dessen die Ski-Saison des Könners wonnige Zeiten mit reichhaltig an sportiver Teilnahme im Slalom unweit oberhalb der Hanglage hin zur Vereinshütte, zum Clubhaus freilich ungestüm man auch zu beflügeln weiß.

Wird sich seit Bestehen in den frühen 60er-Jahren sicherlich manch Beziehung daraus ergeben haben. Indessen dasselbe auch für die Sportvereine – respektive des „ASV-Dachau", des „TSV 1865 dort an der Jahnstraße" oder des „SSV Dachau-Ost" unweit des Einkaufs-Parks am Industriegebiet, auch wird erwähnt bleiben wollen. Geführt als Sportvereine e.V, inklusive Lokalität – jeweils auch mit Tennisanlage mehrfach bestückt. Sind während-dem die Tennisfreunde-Dachau mit inzwischen mehr denn einem Dutzend an Sand- & Hallenplätzen neben des alt-herkömmlichen TC Dachau mit ein paar wenigen Freiland-Plätzen, in Führungs-Position vor-Ort als auch im Raum Münchens inzwischen längst schon angestoßen. Womit das Gründungs-Jahr 1973 man kürzlich infolge des 50-jährigen Bestehen gebührend zu begehen wusste. Sind nicht minder viele Münchner Mitglieder in das Vereins-Geschehen inzwischen integriert wohl auch mitbestimmend dabei sind unweit einer weiteren Anlage noch im Emblem des TC Eschenried bei regen Mannschafts-Turnieren nicht minder auch an der Bayernweiten Tafel im Aushang.

So möge man sich an deren Golf-Range in Eschenried bei Dachau im Bezirk-Bergkirchen oder derselben Anlage am unteren Ende der Eastman-Barracks – bei welch „handy-cap" Note auch immer, unter anderem auch schon mal von den international organisierten <LIONS-Dachau> oder unweit der <ROTARIER-Dachau>. Wohl längst sicherlich persönlich seither schon bekannt gewesen sein. Während nicht zuletzt dem damaligem „US-Areal" in Staatstragend ausübender Weisung seit den frühen 70er-Jahren schon, die Ausbildungs-Gremien der <Be-Po> kraft der im Rang der Bayerischen Bereitschafts-Polizei mit tsd. Mann und mehr noch zur Nutzung überlassen sind. Womit für die Stadt-Dachau, das Dachauer-Land ein unüblich flankierter Personen-Schutz seither einhergeht. Bei manch Gedanken zurück an Zeiten auch, wenn des einzig GI´s Alkoholspiegel seiner Rauflust steigernd verholfen haben wollte und des Wirts Belangen nach Ruhe im Lokal. Kurzum dann die Nummer der MP-Military-Police Dachau angewählt hatte – bevor dann 2m-stramm hohe Kollegen im Jeep vorgefahren kamen bei eingeschaltet belassenem Bordfunk Standesgemäß vor der Kneipe.

Und mit Blick besorgt auf Knarre und Schlagstock im Türrahmen lautlos virtuell angestoßen – den vermeintlichen Raufbolden die verspürte Lust danach, allenthalben des Aufsehens wegen auch analog dann schon mal ersatzlos auch genommen war. Während-dem die Ordnung wieder zurück schien für den Wirt und die Gäste.

So schien meinerseits hingegen die Zeit über-reif geworden dann zum Ende der 70er-Jahre hin, um mich frohen Mutes ein aller-erstes mal eben völlig neu aufgestellt wie aus „der Taufe gehoben" immens verspätet – dann als Werks-Händler für Bau-Gerüst & Schalung ambitioniert gen NRW längs der Sauerland-Linie. Als auch der Baden-Würtenbergs Industries zugewandt mich furios gewidmet zu haben dann als Werks-Repräsentant nebenher noch beiderseits gewollt. Schon um alsbald eben dort am Messestand dann zur BAUMA-München blumig unterhalb der Bavaria damals noch – eben nicht nur industrieller Verkaufs-Präsenz angehörend zugange gewesen zu sein. Sondern vor-Ort agierend nicht zuletzt auch im Hinweis auf meinen nahe gelegenen Vertriebs-Platz in Dachau – mit Furore anhand eines Design-Flyers direkt an der Rezeption gut sichtbar mit Stolz angeschlagen, Geschäftssinn unisono nicht minder auch angetrieben verleihend, zügig voran gebracht zu haben.

Als auch nicht minder beworben gewesen in plakativ aktiver Befindlichkeit bejahend mit dabei gewesen zu sein dort in Erwartung unzähliger Kunden-Besuche in München unterhalb der <Bavaria>. Bevor ich seitens des Agenten zum Vertrieb für die nördlichen USA dann mit Deutscher NRW-Wurzel einst emigriert gewesen – mit Sitz daraufhin oben in <Ventura> unter Kaliforniens Sonnenlicht. Privat wie geschäftlich verortet gewesen in halber Höhe am <High-Gate>. Dann aber massivst angegangen worden war im Hinweis darauf, wonach man doch seitens der Geschäftsleitung wohl eher allzu leichtfertig dem immens vorbelastet Dachauer Begehren meinerseits würde wohl ungeahnt zugestimmt haben wollen. Während hingegen der in <Houston/Texas> dort auch Lager-führende Händler namens des erfrischend musikalischen „Lenny", sich mitnichten weiter würde jemals echauffiert haben wollen. Als Derjenige eben, dessen Equipment mit eigenem Sportflieger am Hof direkt hin zum Kunden vollends gerüstet schien auch seinen Fotos nach schließend vor seines wohlhabend Chor an situiert Industrie-Kundschaft. In Befindlichkeit dorthin kraft aktiver Erdoel-Pumpen da draußen im Hintergrund mit endlos an Vorkommen tief unter der Erde.

Während-dessen man sich ohnehin auf Seiten der Industrie kurz vorher trotz allem an beschwerlich genötigter Nähe hin zu Dachaus-Gedenkstätte, meiner Begehrlichkeit um des erwogenen Händler-Status Süd-Bayerns. Schließlich ohnehin zu meinen Gunsten wohl gewollt trotz allem entschieden haben wollte im Hinweis – einer inzwischen eben neuerlich andersartig lautenden Zeitrechnung nach inzwischen rund 40-Jahren des Hitler´schen Grauens. Neuerdings mit gemeinsamen Interessen industriell auch beizustehen. Bevor man etwas später hinterher dann, vom ohnehin aller-besten Autobahn-Knotenpunkt Süd-Deutschlands gelegen, eben erkenntnisreich mit Schwingung nur noch angetrieben zu sprechen gewusst haben wollte.

Schien hingegen der vergleichbar eingeschlagene Weg im Ansinnen um den diesseitigen Vertrieb der damaligen FAI-Industries Produkte für Baumaschinen im Tiefbau zur Programm-Erweiterung Baugerät & Maschinen – erst-mal doch nichts Gutes reflektiert haben zu wollen. Eben hinterher gleich schon, nachdem die vorzeigbare Chefin dort unten in dieser schmucken Weinanbau-Gegend um die sehenswerte <Regio-Vinzenza>, südlich von Venedig wie malerisch insbesondere gelegen auch.

Zuallererst doch schon „die distance to the Gate“ über ihren in NRW oben angestammten Repräsentanten im Export – besorgt hinterfragt haben wollte. Indessen ihr Hinweis erst-mal deren PR-Interessen mit Fahnen und mehr am Haus des Vertriebs-Partners dem Ausland und dessen Standards nach geschuldet – mitnichten man allerdings bei verknappt an Distanz dorthin an die schrecklichen Wachtürme.

Mitnichten doch jemals nur würde vergessen bzw. man Interessen jemals hätte unisono spontan gezeigt haben wollen. Nachdem ihre Jahre zurück vorherige Deutschland Bus-Tour wohl noch von dramatischer Historie meiner Heimat jäh würde überschattet gewesen sein, so ihr höflicher Hinweis im Alibi. Worauf man ihr seitens des Export-Managers mit Blick auf meinen weit-um adressierten Kundenstamm, schließlich aber dennoch die überörtlich wie sukzessiv laufend zurück genommene Abscheu insoweit hatte verlautbart dennoch aus dem Sinn zu nehmen gewusst hatte. Zumindest bis spätestens im nächsten Meeting allenthalben dann angestoßen.

So sollte es doch im Laufe der Jahre alsdann – wie oftmals im Leben, schließlich ganz erheblich umfangreicher noch heran gekommen sein im Kontext zur Welt-größten Marke einer Brat-Station für den meist seither beliebten Burger alias des Marktführers-international im Emblem von <Mc Donald´s>. Dessen bunter Pylon inzwischen schon 50-tausendmal herab grüßen lässt dort in diesen City-Lauflagen Weltweit im streng geführtem Dress-Code nach einer einzigen Kleider-Ordnung auch – respektive bei international absolut baugleichem Interieur und verfügbarer Karten-Ordnung.

Indessen es dem Münchner Head-Quarter in erklärter Response um <Mc Donald´s Germany> doch allzu leicht gefallen schien – dann zum Erwerb einer Parzelle für ein wohl selten spektakulär gestartetes Dachauer Burgerbrat-Objekt inmitten der

90er-Jahre. Worauf man allerdings zeitlich beschränkt – das Dingen nur solange optional gehandhabt war am Tisch der Münchner Expansions-Crew.

In Zielsetzung eben um diesen wundersamen Selbstläufer an Dachaus Ostflanke, um sich den Zuschlag im Head-Quarter <International> erst-mal noch besorgt und ideell eingeholt zu haben in allerhöchster-Order dort oben im State-of-Illinois nahe des „Sears-Towers" Chikago. Erreichbar in der Industrisl-Area unweit des Michigan-Seas dort drüben in den USA in „my kind of town." Man eben geschäftstüchtig beheimatet in dieser weiten Range im Emblem der USA zweitgrößter Metropole namens dieser seither legendär klangvollen Jazz-Hochburg namens „City of Chikago". Deren Shareholder längs der Tische mit Weisungs-Vollmacht, sich seither schon überwiegend auch israelisch nach einer demzufolge meist 2.Staatsbürgerschaft erfreut gezeigt haben – weswegen dem Standort-Dachau kaum Zustimmung hätte maßgeblich gefolgt sein wollen. Eben dann im allerersten Versuch unisono zu dessen interner Startfreigabe des Projekts ohnehin. Und gefolgt auch von der Frage aller Fragen über den Atlantik – „what´s the distance to the Gate", wollte man bei wenigen 100-Metern gerade-mal doch nur an Abstand, umso geringer an Interessen daran allgemein gezeigt haben wollen. Um die Dachauer-Akte bis auf weiteres dann in die Ablage erst-mal geheftet zu haben – bis hin zur erneuten Diskussion daraufhin dann mit neuerlich erstaunlicher Umsatz-Prognose schon im Hinblick auf Baufortschritt dorthin am „Point-of-Sale" um das Dachauer Mrd./EUR-Projekt im Zuge des neuen Einkaufs-Parks alsdann.

Als auch seit Anfang der Aufplanung im Jahre 1992 konzipiert gewesen analog nach Ideen für ein Neu-Dachauer Shopping-Konzept, so der Stadtrats-Beschlussfassung folglich. Indessen Tagtäglich mit „Burger-King" ohnehin doch längst auch zu rechnen war dorthin an erbaulicher Präsenz für Fast-Food an Münchens Nordrand, schien dieses Kainszeichen-Dachau fortan ohnehin optisch doch allmählich allenthalben verkleinert daher gekommen im Vakuum dorthin fortlaufend neuer Geschäfts-Adressen.

Und gefolgt hinterher von neuerlicher Geschäfts-Idee bei Mc Donald´s daraufhin dann im gemeinsamen Auftritt unweit in Karlsfeld nahe der <MAN- & MTU-Industries> – hatte man sich schließlich auf den Plan-B schon mal lukrativ besonnen gehabt, dieser Weltweit funktionell hochwertigen <Variante-Licence> folglich eben modifiziert danach gehandelt zu haben.

Indessen man aus eigener Reihe in Münchens Head-Quarter dort draußen an der Drygalsky-Allee, bestärkt sich eben diese Einmaligkeit einer Chance im Abbild nach des Leuchtturm-Synonyms, man allenthalben im Doppel nutzend vor-Ort. Nicht minder lukrativ eben als eigentlich unabhängig aktiver Vor-Lieferant breitbeinig das auch zig.Mio.-schwer an Umsatz, man handlungsfähig als Lizenzgeber insbesondere dann das auch Marktgerecht und profitabel wie vieler-Orts zu vergeben wusste.

Um alsdann lediglich kraft des Handels-Partners angetriebener Ambition, markig im Auftritt der auf allemal zigtausend-fach Weltweit geführten Lizenznehmer-Spezifikation geschuldet. Man erneut sich daraufhin geeinigt dann Ideenreich gestärkt vom Verhandlungs-Tisch zurück gekommen war. Eben dorthin an aller-bester Adresse hier wie dort und absolut gesichert nach Bayrischen Spitzen-Tagesumsätzen auch analog dann bei 7-mal eben befriedet „bratend" durch die Woche. Am Markt befindlich ganz vorne hin für Fast-Food. Bevor dann an Dachaus Toren auch des Wettbewerbers Ambition namens des „Burger-King", schließlich noch eilig vorgefahren kam dort am heiß begehrt empor gekommen <1.Dachauer Verkaufs- & Handels-Platz>. Dessen honorige Befindlichkeit bei wohl durchwegs klingender Kasse sukzessive aufgerückt ist als gut und gerne nachgefragte Nummer-I im Ranking dort um die München-Dachauer Kaufkraft. Allenthalben im Grenzland als nicht wegzudenkender Verbund-Partner der Kommunalen Verwaltung erdenklich. Während die erstaunt nachdenklichen Besucher der Gedenkstätte bei verknappt wohl 1 Mio. alljährlich doch der täglichen Erwartung an Umsatz-Erlösen im Genre.

Eben allzu gerne seither wohl auch nach gekommen sind. Indessen der Name-Dachau zumindest kommerziell vieles inzwischen erreicht hat bei wenigen Fahrminuten nur zum Marienplatz oder hin zur Allianz-Arena dorthin nach München-Fröttmaning. Eben dorthin aufzeigend, wo man sich des Namens „Franz Beckenbauer" analog um des Stadions-Emblem – gut und gerne besonnen und kurzum geeinigt hat wohl darauf im Abbild auch einer Statue jetzt gebührend zum Jahresbeginn-schon 2025 – seines Jahrestages nahe liegend..

So scheint doch die Liste meiner meist negativen Erfahrungen im Ausland dennoch überschaubar insoweit verhalten geblieben im Thema-Kainszeichen „Dachau"– wie beispielsweise damals auch zur Händlertagung in Montpelliers-City an Frankreichs Küste und deren Armada an schmucken Hotel-Fassaden und mehr an gewogen Gastlichkeit um des Gourmets gediegen Anspruch auch. Dorthin eben zurück, wo man nach Erhalt unserer Teilnehmer-Liste sich für ein eher doch nur gerade-mal zweitklassiges Hotel-Zimmer über der allzu munteren Gastro-Terrasse, für mich eben vorbelastet mit Kainszeichen wohl im Seitenblick. Allenthalben lapidar eben entschieden haben wollte. Und einer hinderlich ohne Umschweife gebotenen Befindlichkeit eben – sicherlich des Namens-Dachau unisono doch nur geschuldet gewesen war.

Nachdem gerade-mal ein Jahr zuvor einer industriellen Einladung folglich – dasselbe doch inmitten Belgiens Metropole-Brüssel, ähnlich von Lärm überschattet abgegangen war. Wie im Schluss daraus, eben nicht mehr denn ein Zimmer in Nähe der rund um die Uhr vor sich hin ratternden Klimaanlage mit Befremden für mich unverhohlen auserwählt gewesen war. Eben dort im Geheiß schlechter Abstammung womöglich oder ähnlicher Vorverurteilung folglich. Analog bis hin dann zur fälligen Reklamation allerdings dann gleich Tags-daraufhin mit nicht minder gewogen Erfolg auch. Sollte das in Osnabrück anlässlich der Tagung nicht viel anders zugegangen sein – eines Zimmers in direkt Spiegel-förmiger Nachbarschaft eben direkt hin zum Wirtschafts-Raum mit ständigem Geräusch-Pegel kraft laufender Waschmaschinen wegen, negativ belastend auch belegt gewesen im ersten Anlauf. Bis hin zur Reklamation hin eben.

Bevor es dann auch im Lizenz-Hotel nach eines <Best Western> an Italiens Messestandort Bologna dort nächst der Airport-Area noch zu einer peinlich berührenden Szene an der Rezeption gekommen war. Und der junge Mann am Tresen sehr verunsichert reagiert haben wollte mit Blick auf meinen Reise-Pass, um erst-mal sich genügend Zwischenräume zeitlicher Natur sich verschafft zu haben im Hinweis – etwas später an diesem Nachmittag noch einmal hingekommen sein zu wollen. So als wollte er sich mit der Freigabe des Zimmers wohl vorher noch absichernd befragt haben wollen in Sorge dort am Parkett des Hotel-Managements, so nicht meines Eindrucks folglich nur. Während meine Frau schon einen Schritt weiter erdenklich gekommen war im Hinweis um die ihrerseits unverkennbare Angst wohl in etwaiger Wahrnehmung schon des Sohns meiner Wenigkeit im Abbild des nordischen Typs wohl analog befindlich auch. Folglich eben aus Deutscher Nazi-Familie virtuell wie mit schlechtesten Vorzeichen besetzt abstammend, so ihre kurzum getroffene Expertise daraufhin auch.

So schien es dann zum Ski-Urlaub ins „Schneesichere Kühtai" hoch über Tirols Skizirkus beinahe noch zu einer körperlichen Auseinandersetzung gekommen – in Befindlichkeit eben mit des Betretens der Lokalität seitens ein paar lärmend

Norddeutsch wohl auch rauflustiger Hotel-Gäste. Worauf das Haus-eigene Service-Personal spontan im Hinweis betroffen auf die doch wohl angenehmeren Dachauer-Gäste unbedacht reagiert haben wollte. Was nicht minder gefolgt war dann in hässlichem NRW-Vokabular heraus gehauen zu Lasten meiner favorisiert Dachauer Heimat.

Verleiht doch auch der international beliebt und weit-um bekannte „Schützen- & Trachten-Zug" anlässlich der „Münchner-Wiesn", den Dachauer „Ampertalern" im Abbild nach der einzigartig doch Original <Dachauer-Tracht>, alljährlich Gelegenheit zur Teilnahme in voller Besetzung. Was nicht minder geschuldet ist auch der temperamentvoll aufspielenden Jungs & Mädels im Kreise der traditionell in blau uniformiert wohl präsentierten „Dachauer Knabenkapelle! Wobei es Jahrzehnte nach Kriegsende noch – kraft des längst mitnichten erwähnenswerten Namens-Dachau, schier unerträglich für uns Dachauer Zuschauer hinzunehmen war. Die im Zeichen gerade-mal einer Anschauung nach Allgemeinverbindlichkeit beinahe doch anmutend – im Kontrast zum durchwegs erfrischend aufgebotenem Engagement unseres überwiegend doch jungen Teilnehmer-Chors. Eben unaufgeregt als auch unausgesprochen das an Missmut so stehen gelassen zu haben inmitten unser aller Landeshauptstadt – von wo der Order mit Schrecken dann daraufhin vor-Ort in Dachau.

Eben über 12-lange Jahre laut Dekret man ausweglos doch autorisiert zu folgen hatte. Sollte es trotz allem aber irgendwann in den späten 70er-Jahren – stark „verspätet" dennoch zum Akt nach

<Tabula-rasa> allgemein verbindlich schließlich dann auch gekommen sein. Um Schlussendlich aufgeräumt zu haben damit, der Nachkriegs-Generation medial Hindernis und Abart fortan in den Weg zu legen. Indes seither des „Alt-Dachauer" Begehrens nach Repräsentation in vollen Zügen nach Absolutismus, inzwischen doch gut und gerne Rechnung getragen ist. Und der Historie deren Anspruch zurück gegeben ist bis hin zum BR-Wetterdienst reichend meist noch ins rustikal verspürte Unikat – dem einst urwüchsig und seither malerisch rustikal gewogenem Dachauer-Landstrich, gut und gerne auch im Ansichtskarten-Format beizukommen.

War ich dennoch gelegentlich überörtlich konfrontiert gewesen bei manch unguter Anmerkung – „dass man als gestandener „Dachauer-Bürger" das an Grausamkeit auf Abwegen nur wenige Fahrminuten vom Altstadtberg – dort unten im Lager, so absolut tatenlos hingenommen haben wollte?!" Als hätte man noch niemals davon gehört gehabt – im Falle ähnlich nach des DDR-Musters doch völlig überzogen wie unverhältnismäßig unausgewogener Repressalie. Man doch schon bei geringer Abweichung nur. respektive dann daraufhin bei gegenteilig gesprochen oder nur mal anderslautend verfasster Meinung nach Schimpf und Schande ums Regime des Schreckens. Kurzerhand der persönlichen Freiheit meist im KZ dann Gnadenlos des Lebens beraubt worden zu sein. Nachdem die Unmenschlichkeit der NSDAP oder DDR/Sta-Si brutalst mit Handschellen – schwer bewaffnet Dienst-getreu vorgefahren kam.

Während man in den 50-er Jahren noch zermürbend vom Dachauer Bus-Unternehmer und seines beschädigten Fahrzeugs auch zu hören bekam an Italiens oder Frankreichs Küsten. Eben darüber,, wonach der Vandalismus nachts am Bus-Parkplatz mit eingeschlagenen Fenstern und beschädigten Reifen – dem DAH-Schild bitterlich an Verachtung hinterlassen haben wollte. Und die Weiterfahrt genommen war. Worauf man ihm ersatzweise das Münchner-Nummernschild zugesagt haben wollte für alle Zukunft im Europaweitem Bus-Verkehr.

Passiert nach all´ den Jahren um die Besatzungs-Zone vor-Ort kraft US-Forces mitsamt deren Allianz in Kanadas-Emblem, des kaum zu beschreibend Terminus zur Beendigung des Nazi-Regimes im Sog der Wiederherstellung des Friedens in Europa. Bei geringer Zweisprachigkeit noch im Dachauer-Land. Indes die Besatzungsmacht meist im Jeep Angst-auslösende Wirkung auszulösen vermochte – worauf in und um Dachau mit schlimmsten Folgen kraft manch dümmlich schießwütiger Über-Reaktion in GI´s Köpfen zu rechnen war im Jagdfieber um die Nazi-Historie. Während hingegen ähnlich im Casino in der Münchner „Mc Craw-Kaserne" – wenige 100m schon hinter dem Dachauer Gate der Eastman-Barracks, freilich ein gut gelungenes Abbild vom <NCO-Club> im Officers-Chor als Bühne für Band & Gespons bei Blues und Rock. Ausschließlich in <English> hatte vokal/instrudmental grüßen lassen. Als auch perfekt geübt nachgespielt war im Gehör des Club-Managers Einschätzung um sein gemischt US/Bayrisches Publikum bis tief in die Nacht hinein, stets live aufgeboten.

Während gelegentlich Erinnerung aufkommt an die Zeitweise mit Außengerüst versehenen Wachtürme zur Gedenk-Stätte – und der von Neugier infizierten Besucher zur Besteigung hinauf an die Fensterbank des schwer bewaffneten Wach-Personals von damals. Um von dort oben den Blick ins Innere des Turmbaus samt Fotos bis übers Gelände hinweg erlangt zu haben.

Während dessen Abbild des Nazi-Schreckens im Zuge ständiger Zunahme dortiger Gewerbe & Verkaufs-Flächen zur genutzten Dachauer Kaufkraft, treu vom Dachauer-Hinterland bis hin zur seit jeher bekannt Schleißheimer Kundentreue. Sich demzufolge wohl mit Blick übers Gelände, das III.Reich eher sich zurück zu nehmen scheint. Wobei es 50-Jahre vorher hingegen noch schwierig war, ein Dachauer Unternehmen nach Preis und Wertschätzung auch abgesetzt bekommen zu haben am Markt trotz Münchens unmittelbarer Nähe.

Eben noch zu Dachauer-Zeiten zurück – denen ein BR-Stammtisch, geschweige denn ein angestammt fortlaufender BR-Sende-Platz wie im Titel um die Sende-Staffel nach „Dahoam-is-dahoam", mitnichten würde erdenklich gewesen sein schon vom Image her gesehen. Indessen dorthin am vormals industriell genutzten FGS-Gelände – namens des Feinpappenwerks der Gebr. Schuster, inzwischen doch Persönlichkeiten aus Politik, Journalismus, Sport, Film, Funk & Fernsehen. Sich gewohnt um des Moderators Profil längst schon die Klinke reichen. Ohne jemals nur ein Wort wohl über Dachaus Kainszeichen – gleich ums Eck angestrengt verloren zu haben. Bleibt dennoch trotz der „Morgenröte" im Dachauer-Land, irgendwann der Störfall im

Gespräch nicht grundsätzlich aus, indem überschattet von Dachaus Kainszeichen. Der Dialog schon auch mal entgegengesetzt vollmundig und nachhaltig abzugehen vermag. Eben dann in meiner Eigenschaft damals im Exempel als Baugeräte-Vermieter als auch des Maschinenhändlers im Kontext zur sehr geschätzten Kundschaft im Ost-Geschäft gleich nach der Wende vor-Ort in Kleinstadt-Lage namens Pössneck/Thüringen.

Damals eben zur Maschinen-Übergabe im Streckengeschäft vom Hersteller-FAI in Italien in der Provinz Vincenca südlich von Venedig im Weinanbau industriell abgelegen – war ich im Zeichen nach einer sehr fruchtbar und nicht minder auch persönlich eng gehaltenen Geschäfts-Verbindung, zutiefst betroffen gewesen. Analog im Kontext der beiden Firmen-Inhaber vergegenwärtigt – man ehemals zu DDR-Zeiten noch Staats-tragend dort im Bau-Kombinat leidlich tätig gewesen war mit allem an Neben-Geräusch, Schikane und Unterdrückung. Während im neuen demokratisch erwogenen Zeitfenster schon aufgrund der Tiefe einer Geschäfts-Beziehung – wohl absolute Vertraulichkeit damit beiderseits einher gegangen war. Und demzufolge manch Maschinen-Order fernmündlich auch „in Strecke" schon – d.h. vom Hersteller in Italien direkt nach Thüringen spontan erfolgen konnte. Bevor ich dann übers Wochenende dorthin unisono gerne hingekommen war daraufhin dann zur feierlichen Übergabe eines 12-to/Baggers mehr noch samt der Branchen-üblichen Einladung ins nahe gelegene Gasthaus anschließend. Schon um angestoßen zu haben nicht zuletzt auf die neue Erdbau-Maschine und deren

Leistung kraft des gut gewählten Dieselantriebs zur absoluten Zufriedenheit allgemein in deren Firma für sogenannte Schacht-Arbeiten.

Sollten indessen erstmals meine fehlend wahr genommenen Firmen-Aufkleber am bestehendem Geräte-Park in Kenntnis genommen – insbesondere auffällig eben daher gekommen sein dort am Hofpflaster ums Firmengelände. Während ich mitnichten würde abzuhalten gewesen sein davon – die mit gebrachten Aufkleber geräuschlos wie üblich auch gut sichtbar angebracht zu haben. Um neben des Herstellers Emblem die neuerliche Errungenschaft mit besten Wünschen für stets gute und lukrative Betriebsamkeit, mit meinem Firmennamen bei etwas Stolz auch dekoriert beklebt gewusst zu haben.

Während mir erschrocken hingegen Einhalt und Abstand davon analog als Gegenwind quasi spontan entgegen gekommen war, allenthalben verlautbart auch in aller Deutlichkeit danach – wie „unsere Maschinenführer würden deren Dienst spontan an den Nagel hängen, sofern Ihr Schriftzug die Maschinen würde geziert haben!“ Worauf dieser eindeutigen Kern-Aussage indessen unisono nicht minder alles weitere für die ohnehin künftig nur gute Zusammenarbeit ernüchternd schon klärend nach „Tabula-Rasa“ einher gegangen war. Vor dem ultimativen Nachsatz analog hinzu – „man hätte wohlweislich doch über viele Jahre um Sta-Si und Unterdrückung samt Einschüchterung zuhauf doch nur Schlechtes doch ohnehin schon in gebückter Haltung hinzunehmen gehabt. Und insofern doch jedwedes Nachsehen zur Führung einer <Bluemel-Maschine> mit des Dachauer Aufklebers

Szenario. Eminent eben reaktiviert nach Nazi-Vergangenheit damit versehen – folglich nur Negatives würde einhergehend freigesetzt reflektiert daher gekommen sein. Worauf der schaurigen DDR-Zeiten – Putin kannte man kaum, eben massivst würde beigesteuert gewesen sein. Auch im Widerspruch – den Zeiträumen als Soldat dort im Arbeiter- und Bauernstaat von Russlands Kreml Befehlsgewalt schaurig ausgehend. Als auch angesichts deren Wucht im Regime doch ohnehin nur mit Waffengewalt würde wohl zu begegnen gewesen sein seither schon, so deren Infos im Narrativ eines Aggressors wie im Wahn nach beherrschbarer Großmacht in unserer guten Stube daheim. Indessen ich schwerlich mich daran zu gewöhnen hatte, dem Thüringer Maschinen-Park jedwede Norm an plakativen PR-Maßnahmen abgeschworen zu haben fern der Muse als autorisiert Dachauer Maschinenhändler. Bei ansonsten freilich nur allerbesten Kontakten dorthin zur neu gewonnen Heils-bringenden Freiheit. Und so manch illustrem Abend an unserer Tischrunde daheim dort im bevorzugtem Stadtteil-Mitterndorf nahe an der Amperbrücke – gerne zurück denkend mit Pößnecks allerbester Kundschaft am Tisch meist bis Mitternacht.

Nachdem so manch Schreckens-Erlebnis meist Grenznah zur BRD – nach Pils und Weißbier über den Tisch gegangen waren wie im Schlagwort „geschossen wurde auf alles, was sich wenn auch nur kurz mal fortbewegt haben wollte.Während es ohnehin zuhauf an Spaß-Gaudi um die „Wessis" & „Ossis" gab – beispielsweise im Hinweis, „da hattet ihr Wessis euch doch kaum getraut gehabt am Strand, einen knappen Slip euch überzustreifen. Während-dem wir namens der „Ossis" doch längst schon splitter-fasernackig die Beine im Ostsee-Sand allzu gerne vergraben haben wollten.

Bevor es dann zur hinterlistig Partei-politisch erzwungenen Baumarkt-Schließung im Dekret einer branchenfremden Geld-Wirtschaft vom Sparkassen-Platz, gekommen war. Und unsere treuen „Thüringer" ein aller-letztes mal noch zu uns gekommen waren – quasi zum Abschied mit Herzschmerz. Sollte alles an Schrott mit den Aposteln von der Sparkasse Dachau, heraus gehauen sein an diesem Abend der Wehmut im Frühjahr 1997.

Indessen um Titel & Nimbus einer Equipe im Sparkassen-Modus – so gut wie nichts an Wertigkeit im Job der Allgemeinheit noch verblieben war. Bevor dann im Konsens in der Tischrunde um des letzten <Count-downs> Schlingerkurs, schließlich der Deckel d´raufgemacht war in Erkenntnis – „na da sind wir doch schon wieder beinhart zurück im Schrecken der alten DDR, was man da in Ihrem Dachau mittelständisch verflochten aus dem Hinterzimmer einer Kreis-CSU nicht minder unverhohlen heraus gehauen und leichtfertig abgeliefert hat im Namen eines gewählten Landrats vor-Ort

Und ohne Zweifel mir fortan das aufgefallen war anhand der Treff´s mit den beiden Thüringer Familien – wonach der männlichen Seite die Spuren-Elemente aus der Stalinismus-Epoche, erkennbar fortan in den Knochen verblieben waren. Während die beiden Ehefrauen doch lediglich nach Sprachfärbung hergeleitet, an das Regime von drüben Anlehnung zwangsläufig gezeigt haben wollten. Ansonsten doch frisch, frei und eben vollends befreit von Schikane gut und gerne angemutet haben wollten.

Doch sollte es unwillkürlich nach Dachauer Historie geschuldet – wo auch immer unterwegs im Sport oder geschäftlicher Natur, gelegentlich am geflügelt Schlagwort „wieder mal typisch Dachau" – auf Dauer kein daran Vorbei gegeben haben. Nicht minder auch eines Hamburger Kollegen zu Anfang meiner Händler-Tätigkeit im Nachsatz des Kainszeichens, wollten dessen kaltschnäuzig und allzu spießig kleinbürgerlichen Schmäh-Ansagen nach völlig überzogen „Hanse-Habitus" jäh entsprungen, beschattet Spuren hinterlassen haben. Indessen der davon allzu immens doch hanseatisch im Narrativ angehauchte Kerl sich gleich mal lautstark hervor getan haben wollte fern jedweder Einlassungen um die schönste Kreisstadt Dachau.

Nahe gelegen dorthin um Münchens Speckgürtel nach multilateraler Befindlichkeit. Kraft deren Anlehnung und Staatstragend freilich allzu erbaulicher Unterhalts-Maßnahmen, man an Dachaus Fronten seither schon in Response der <Staatlichen Schlösser, Gärten und Seen>, beheimatet aufgehoben wie solide verankert ist. Und demzufolge in Dachau im Doppel-Pack am Hügel 400-Höhenmeter darüber, all dessen gehalten ist dorthin an Adresse im <Schloss Nymphenburg>/Eingang-17 seither schon. Indes alleine schon hinsichtlich der feudal erwogen <Wittelsbacher Schlossanlage> am Altstadtberg oben weithin gut sichtbar verortet. Freilich ohnehin Grund damals gewesen sein dürfte für das feudal edle <Königlich Bayerisch-Pfälzische> Herrschergeschlecht dort oben. Gemessen auch in Befindlichkeit analog selbst bestimmend – man sich eben für diese so einmalig gelegene Berg-Kuppel mit Aussichts-Plattform direkt hin zur Achse Schloss-Schleißheim – Süd-östlich mit Blick bis hin ins Werdenfelser-Land, allem voran der Zugspitze im Höhenmaß von gerundet 3-tsd. Höhen-Metern.

Eben für das an edler Bayerischer Baukunst erwogen wie verwirklicht nach den einschlägig geforderten Maßstäben der begünstigt Baumeisterlichen Befindlichkeit nahe liegend. Um alsdann nobel nach Freigeist gehoben jedweder Muse nach, dem vollends nach edel feudaler Architektur errichtet wie umsichtig geschaffenem Schloss-Dachau, insbesondere nahe dran zu sein bis hin noch zu üppig an Freigeist, Flora & Fauna-Einlassungen.

Nicht zuletzt in Gestaltung dorthin erwähnend auch – eben mitsamt eines Vestibüls großzügiger Architektur auch gewogen, adäquat wie unweit des <Englischen-Gartens> in Dachaus Abbild nach Vorbild auch biologisch erschaffen. Man sich eben der Flora und Fauna zugewandt auf Freiers Füßen quasi – wohl ersonnen befindlich der malerisch farblich blumigen Kulisse gewogen entgegen fiebernd. Eben gut und gerne Heils-bringend durchdacht wohl auch, man sich Götter-dämmernd und Abendländisch in Muse gebettet und gewogen mitnehmen läßt. Zuweilen allenthalben eingestimmt auch – man sich dorthin präpositional allzu gerne doch beschwingt auch zu entscheiden gewusst hatte.

Schon um dort oben der Europaweit abgelegenen Königshäuser manch Festivität – erlaucht nach Teilnahme hoffähig erbeten auch, man vornehm graziös herrschaftlich ausgerufen sich zu geben wusste. Noch in Zeiträumen vormals gelegen, als man den Markt-Dachau noch jedweder Nazi-Verbrechen entfernt nur gekannt haben wollte. Eben vielmehr als Treff unisono zur Muse der Kunst-Göttin erhaben Gunst nach um der angesagt beschwingten Freilichtmalers Welten wegen Süd-westlich gelegen. Dorthin im so selten gewogenem Licht der saftig Dachauer Moos-Wiesen und Heide-Gras versetzt gerufen.

Als auch befeuert angetan zugange gewesen mit Pinsel & Palette in Händen des noch designierten Kunstmaler-Genres, wie man sie weitaus doch über die Grenzen im Lande hinaus gerne und eloquent auch verbündet gesehen und gekannt haben wollte. Und fortan noch in den Reihen in Münchens Auktions-Häusern dem Aufruf aus betulich <Dachauer-Malschule> erwähnenswert – mit Muse und Leidenschaft die Bieter-Nummer gierig und stramm hoch gehalten ist für ein zudem begehrtes Kunstwerk im Thema nach des Dachauers Original-Werks. Freilich als Unikat und geboten an Eigenständigkeit meist gerne eingeliefert. Als auch selbstbestimmt im Farben-frohen Abbild dann wie geschaffen für die passende Wand daraufhin im gut bebildert Zuhause daheim dann.

Kommt man im Kunstsinnigem Dachau den Interessen um das Verlangen nach des Auktionators verwogen Methodik inzwischen rührend im Bauwerk des Wasserturms oben am Schlossberg, wohl modifiziert nach. Erdenklich vielleicht im

Synonym als Hochburg zum Erhalt der Künste nach Freilicht-Malerei – scheint man beflissen doch seit Jahren seither der Bieter-Liste zum Wochenende hin fiebernd doch „am Platze" angehören zu wollen.

Gemeint eben Stimmungsvoll unweit von gediegen nach Moos-Licht, Flora und Fauna beschwingt und beherzt auch adäquat nur umgeben ausgehend. Bis hin dann zur besonderen Note des feinsinnig gewogenen Akt-Malers namens des <Akt-Fuchs> vom Atelier an der Münchner-Straße im Besitz der Großen Kreis-Stadt Dachau. Von wo er seiner genialen Akt-Künste inbrünstig tätig allzu gerne nachgegangen war als über-regional geschätzt und verehrtes Mitglied der noblen Dachauer Künstler-Vereinigung. Eben alias nach des Kunstsinnig redensartlich gewogenen <Akt-Fuchs> in illustriert als auch nach bleibender Erinnerung der Models erhaben anmutend.

Was bei nicht minder strahlend natürlicher Schönheit, Liebe und Muse für des weiblichen Körpers Anmut und Grazie freilich insbesondere – als auch für Aura´s gewogen Welten und Ausstrahlung graziös allenthalben auch ansehnlich umso mehr noch Kunstsinnig „über den Zaun" nicht minder geschuldet gewesen sein wollte.

So schien Körper-Kult sportiv in Dachau ohnehin seit jeher schon groß geschrieben gewesen – jedoch mitnichten im Sommer-Programm der agilen Sport-Vereine nur, sondern alljährlich auch für die Langstrecken- & Marathon-Fans ausgerichtet gewesen.

Hinweg über markant an die Distanz von 10km gemessen vom Schloss-Dachau bei „Großem Kino" und beklatscht freilich dort oben abgehend. Alsdann bis direkt hinunter dann an die Prunkvolle Fassaden-Aura mit Halt im Ziel am Juwel der Bayrischen Bau-Künste im Sektor des erhaben Bauteils namens des royal grüßenden Mittel-Rysalits am feudal rtbauten Schloss Schleißheim.

Dorthin um der gewogen Prunkvoll Fassaden-Gestaltung. Angeschlagen mit letzter Kraft dann in Anmut der Sprinter und Läuferinnen hin zum beklatschtem Zieleinlauf. Eben in Zeiträumen bis hin ans 20.Jhrt. noch , fern eben jedweder Ideen nach eines gebührend wie stramm ausgerufenen Status im Abbild des Idols um des <Iron-mans> Kult und gewichtend an Welt-Ruf. Dann bis hin zu Strecken im Sektor nach des Marathons und des Halb-Marathons Standards – gerundet nach 42km bzw. 21km lang an Strecke, Staub und Asphalt für die durch trainierten Teilnehmer – feminin wie maskuliner Teilnahme geschuldet.

Kennt man vor-Ort nicht nur – seit jeher auch Zugang für gut Bürgerlich gepflegte Geselligkeit, Biergarten-Zunft und nicht minder freilich süffig eingebrautes Wiesn-Bier über Generationen von der Schloßberg-Brauerei – inzwischen schon SPATEN-München unter anderem besorgt zur Fusion oder Übernahme gewesen. Wohl mitnichten im Brandheißem Monat-August insbesondere dann analog zum <Dachauer Volksfest eben. Was nebenbei mit Blick auf die Altstadt-Silhouette seither ausgehend dorthin eben auf die legendäre Thoma-Festwiese anstoßend. Dorthin verortet, wo man seit allen Dachauer Zeiten schon allzu

gerne hingekommen ist aus nah und fern – auch im Campus der Rad-Rennfahrer landesweit wie Grenz-überschreitend auch. Bevor allenthalben dem Fokus einer Wettfahrt nahe gelegen geschuldet um das weit-um berühmt wie berüchtigte „Dachauer Berg-Kriterium", dessen Spektakel eben Landesweit ausgeschrieben ist bei überaus reichlich an Münchner Beteiligung auch im Kampf mehr noch gegen das rustikale Kopfstein-Pflaster. Meist ohnehin ausgerichtet bei beinahe jedem Wetter dann an <Christi-Himmelfahrt> im August. Sollte auch das traditionelle Ochs´n-Rennen am letzten Montag noch – im Kreis der Teilnehmer besorgt gewesen sein für eine mordsmäßige Spaß-Gaudi dann anlässlich der letzten Stunden bis hin dann zum mitternächtlichem Heimweg und Wies´n- Ausklang.

Und auch Derjenige urig und durstig bekannt gewordene Zecher über die Wiesn-Tage stets vollzählig gemundet mit dabei, sich die letzte Wiesn-Maß ans Ende hin noch bestellt hatte. Als auch wie üblich daraufhin dann mit Griff nach Geld in die winterlichen Wollsocken hinab bückend zugange – während seine Stamm-Bedienung grinsend davor zu stehen vermag. Im steten Glauben wissentlich daran, wonach man ihm Jahre vorher doch seine Geldbörse gut befüllt dort in den Tischreihen geklaut hatte.

Während hingegen der Dachauer CSU-Ortsverband schon mal von Wahlbetrug weit übers Land von sich zu reden lassen musste im Zuge der Briefwahl-Teilnehmer damals in der Großen Kreis-Stadt. Wollte man indessen an diesem Sonntag nach der vermeintlich nur absolut gewonnenen Wahl zugunsten „der Schwarzen", gern und gut gestimmt zusammen gekommen sein daraufhin innerhalb der Tischreihen um die Gasthaus-Theke eines honorig gewandten Partei-Mitglieds Order. Um sich und diesen verflixten Wahlbetrüger – meist unwissend und unbedarft, Als auch Sieges-bewusst und einträchtig daraufhin gefeiert zu haben dann bei manch gelungener Tischrede freilich beizeiten auch. Indessen es ein Leichtes gewesen schien für den kurzerhand abgesandt wie eingeschleusten Münchner Whistleblower von „der roten allzu bösen Konkurrenz" – sich dorthin um die Runde der Insider breitbeinig Platz verschafft zu haben. Dort wo man sich nicht zuletzt unter vor-gehaltener Hand auch die unermüdlichen Leistungen des bösen Briefwahl-Spezialisten zur christlichen Stimmenmehrung gleich ums Eck, beflissen zugeflüstert hatte. Bevor der sozial-demokratisch wohl konspirativ „Abgesandte" tags-darauf dann seine Erhebungen absolut hieb- und stichfest in juristischem Beistand schon mal zum Besten daraufhin gegeben hatte unweit parallel zur Münchner Stammstrecke.

Wie herunter geladen vom insgeheim mitgeführten Mini-Tonträger im feschen Dinner-Jackett darüber. Und Staats-anwaltschaftlich in vollen Zügen dann auch schon ein Ermittlungs-Verfahren in immenser Bandbreite gegen den mutmaßlich mit kriminellen Energien veranlagten Filialleiter vom Board der Dachauer Sparkasse, umgehend schon mal Fahrt massivst aufgenommen hatte.

Indessen nicht zuletzt unisono gegen den dortigen Sparkassen-Vorstand zur Suspendierung hin – doch quasi eine Strafsache mehr noch hinzu gekommen war um den Dachauer Sparkassen-Platz als führende Geld- & Devisen-Adresse der Stadt mit des Landrat Christmanns Augenmerk dahinter. Aufgehoben in vertraulicher Verwaltung der Kommune im Separee des multilateralen Landrats mitsamt genutzter OBI-Ambitionen auf Zeit nur. Und wie seither doch mit eigentlichem Nimbus zuhauf ausgestattet im Lande in punkto-Geldhaus kommunal, dessen Pfründe wohl Niemandem jemals würden wirklich nur in Besitz genommen angehört haben wollen. Nachdem man viele Jahre vorher doch schon im Kontext zur Landshuter Burg-Trausnitz, allenthalben einmal am Tisch des Sparkassen-Direktors über-Nacht nach Dachauer Syntax quasi kraft <Ultima-ratio> erschrocken. Unisono eben personelle Veränderung akkurat und zwangsläufig in Order einzuleiten gehabt hatte infolge durchtrieben unlauterer Machenschaften bis direkt hin ans Münchner Landgericht. Als auch in der Folge eben bei umgehender Freistellung und willkürlich allzu-viel an Vertraulichkeit schon im Voraus samt Hausverbot. Namentlich eines Spareinlagen geführt verwaltendes und verzinsendes Kredit-Instituts bei Öffentlich-Rechtlich unterliegender Rechts-form in vermeintlich Beaufsichtigung der Bestimmungen des Kreditwesens von 1939 und 1961 in Obhut der Länder seither gebündelt.

Käme indes der Dachauer Sparkasse im Terminus nach des Filialleiters Arbeitsweise grundsätzlich mehr an besser aufgeräumt Befindlichkeit zugute – eigener Erfahrungen nach, obschon im weiterem Sinne nach gewinnend an vertraulich Zusammen-Arbeit über viele Jahre hinweg. Als auch im Verständnis eben verlässlicher Natur und Struktur folglich mit zuhauf an Respekt und maß-voller Inbrunst auch an gediegen Augenhöhe seither.

Schien vor meiner Zeit noch manch Froh-Natur am Personal-Stamm noch zu Zeiten der Hauptstelle oben in der Altstadt auf Posten. Durchaus gerne gestimmt gewesen als „Heirats-Büro" des-weiteren im Seitenblick zur Kontoristin beispielsweise hörbar angetan. Während hingegen meinen abgefahrenen Erfahrungen folglich mit der Vorstands-Equipe vom späteren Sparkassen-Platz dort unten – schon des Steffels Schrecken und Methodik im Tollhaus, dazu nichts weiter denn die üble Crux im miesen Job übler Heiratsschwindler würden dafür nur vergleichsweise noch dafür müßig hergegeben haben wollen.

Während man ähnlich befindlich an der Pforte des Kath.-Ordinariats München-Freisung damals sicherlich umso mehr noch hoch erfreut gewesen schien auch darüber im Dachauer-Gäu, von der Ausrichtung einer <Primiz> am Dachauer Schloss-Vorplatz damals in den späten 50er-Jahren. Eben Flügel-verleihend darüber gehört zu haben. Um des designiert jungen Priester-Herz würdevoll eingekleidet zu haben aus angestammt Dachauer Handwerkers-Familie von der Schreiner-Innung. Dessen Beginn im Priester-Amt alsbald schon anlässlich der abgestürzten Prop.-Maschine mit den Mitgliedern im Ende eines British-Fußballteams an Bord. Dorthin an der Turmkuppel der Münchner Paulskirche Gottes Segen noch Herz-zerreißend Heils-bringend seinerseits zu verabreichen war. Ereignet dort am Regennassen Kopfsteinpflaster um das Gotteshaus Presbyterium zum Ende der 50er-Jahre. Bevor die beschädigte Turm-Kuppel daraufhin freilich wieder gleichermaßen herzustellen war über einen Zeitraubenden Arbeitsablauf in Händen geschickter Zimmerleute und Bau-Spengler nach erstellter Voll-Einrüstung. Während die Ergebnisse aus den Ermittlungen der Flug-Überwachung – wohl nur mit Fragezeichen bitterlich versehen waren in Befindlichkeit aller verstorben gemeldeten Passagiere und des Besatzungs-Personals an Bord der „DC 3-Maschine von British-Airlines" kurz nach Start schon im angeblichen 1-Motorenflug bei allzu niedrig erreichter Flughöhe.

Wäre nach all´ den vergangenen Jahren auch erwähnenswert noch, was Dachau unter anderem auch seither schon ausgemacht hatte – worüber über die immens großräumig angelegten Möglichkeiten an Bade-Seen, freilich doch die Rede würde sein. Als auch angediehen darüber-hinaus von deren immens an Sog nach Freiheit und Erholungswert sommerlich angetrieben – wären neben des weiträumig legendären Familien-Bads mitsamt des neuerlichen Hallen-Bads, die Weiten des Karlsfelder-Sees mit vielen Münchnern auch am Wochenende. Als auch des Lus-Sees Gelüste nach Flora & Fauna eng damit verwoben, sowie des Autobahn-Sees an der A 8 nahe der Abfahrt-Fürstenfeldbruck im Gegenüber nach Dachau auch eingebettet in die Natur nicht minder noch zu erwähnen. Möge nicht zuletzt indessen auch des Birkensees Oase den Sonnenanbetern im Abbild und Begehrlichkeit danach, sich eben „gänzlich ohne jedweden Stoff" auf der Haut unter blauem Himmel genießend zu räkeln. Seit Jahren wohl mitnichten gefehlt haben.

Während man hingegen im Jahrhundert vorher noch – vor Männerblick schützend, sich im antiquiert anmutendem Refugium sommerlich weiblicher Badefreuden dort am Mühlbach. Des „Hütterlbads" tugendsames Brauchtum nach Sitte & Moral sich

eingeschränkt hinzugeben hatte – weit entfernt noch von
gebräunter Haut, Badeanzug samt Bikini-Zone. Um der
angeschlagenen Vorschrift so ziemlich textil-fest und beinahe
neutral eher angezogen, unbedingt nachgekommen zu sein.
Dorthin hinter Bretterverschlag archaisch eingetaucht alsdann bei
wenigen Schwimmzügen nur von Eichenlaub allzu überschattet
nur erwogen. Als auch der Neugier erzwungen vom Gehweg her
nahe der Amperbrücke wohl fern von Muse ausgehender Blicke
müßig erhalten reflektiert auch.

So möge wohl auch des mit Hang zur klassischen Musikkunst
bevorzugtem Liebhabers geholfen werden mehrmals übers Jahr
freilich auf des Podiums Brettern im eloquent erbaulichem
Schloss-Saal, womöglich in Übereinkunft auch mit den Klassik-
Freunden in Ober-Schleißheim gewogen im Schloss-Gemäuer
feudal gestimmt – hier wie dort. Sowohl des Spiegel-Saals im EG,
des Saals im OG-Dachau wie des Vestibüls feinsinnig erschaffener
Kubatur doch allzu sehr geschuldet.

Nicht minder würde währenddessen auch die Bühne im
<Ludwig-Thomahaus> immer mal wieder für eloquent Musik-
Veranstaltungen, manch <Jazz Jam-Session> und mehr an
internationalen Vorträgen verschiedenster Genres greifend zur
Verfügung stehen wollen über manch Klavier-Sommer hinweg im
Jahr. Während die Freunde um die nobel Dachauer Künstler-
Vereinigung und deren Freilicht-Malkunst – längst schon die
Weihnachts-Vernissage in den Räumen der „Kleinen-Moos-
schwaige“ vorgetragen wissend auch im Auge beizeiten haben.
Wie erreichbar seither dort unten an der äußeren Schleißheimer-

Straße. Dort eben wo man sich in Künstler-Kreisen wohl noch gerne „vom Amperer" froh gelaunt auch heute noch zu erzählen wissen möge – gemeint allenthalben selig des aus Tschechien einst nach Dachau emigrierten Künstlers namens des alias furios <Thomas Veselys> blumig erwogenen Spitznamens,. Dessen Mittelpunkt im Genre demonstrativ der Niederländisch Ikone-<Monet> angehört haben wollte – nachahmungswürdig meist bei Sonnenschein Fluss-abwärts dahin treibend. Um sich mit Strohhut längs der Amper im roten Schlauchboot mit Pinsel & Palette. Seiner Profession analog im Abbild der „Amper-Taja" heimatlich infiltriert, sehenswert originell verwirklicht zu haben. Dorthin vor Kulisse der blumig Amper-Auen meist nahe der Mitterndorfer-Brücke.

Möge es freilich zurück zur Altstadt, manch Episode aus früheren Dachauer Zeiten noch erfrischend nacherzählt dazu geben. Zu Zeiten noch, als man Gemüse mitnichten im Supermarkt, sondern ganz nach Brauch eben am „Dachauer Wochenmarkt" heimischer Herkunft nach einzukaufen pflegte direkt aus des Erzeugers abgenötigter Hand. Und für manch streng gläubige Mutter oder Eheleute noch die Frühmesse in St.Jakob einfach mit dazu gehört hatte. Als auch die Über-Lieferung für den etwas in die Jahre gekommenen Alt-Dachauer dann im Fokus vom „Scherm Anderl" und der Szenerie nach des „Anderls auf der Jagd". Alsdann bei Gelegenheit wohl fortan für einen Lacher möge erhaltenswert bleiben bei munter Nach-erzählung am Tisch im Wirtshaus.

Damals eben – als der Scherm Senior mit seinem Sohn Andreas zur 6Uhr-Messe auf der Kirchenbank sitzend der Teilnahme christlich gewogen allzu gerne sehr früh schon beigekommen waren. Und die Stille in den Bankreihen des Sakralbaus unisono im plötzlichen Aufschrei lauthals nach „Anderl schiaß", verlautbart allzu jäh mit Schrecken vor des Hochwürden Geistlichem Auge schlagartig unterbrochen war in sakral ausladender Akustik. Nachdem der alternd obschon angezählt Anderl sen. inzwischen in der Bankreihe gemächlich vor sich hin schlafend und träumend – vom Wald und Pirsch nach Jagdausflug sicherlich virtuell zutiefst zugewandt. Arglos wohl seines Sohns Jagdfieber entgegen-kommend auch, den rigoros sofortigen Abschuss immens aufgebracht eben in höchster Erwartung und Spannung von sich gegeben.

An emotionaler Grenze angestoßen gleich Pontius Pilatus folglich in Trance-Zustand hypnotisiert heraus gehauen freilich zugerufen haben wollte. Bevor ihn sein Erwachen blitzschnell zurückgeholt hatte an die streng christliche Abhandlung einer eigentlich doch üblichen Frühmesse erdenklich nur im Alten Dachau damals noch in St.Jakob des Messias nahe gewogen zugegen. Dort in beschützend Gepflogenheit für den echten Frühaufsteher und Rentner gefühlt nahe dran am Geschehen des bunten Wochenmarkts mit Anleihen an gut funktionierende Land- & Vieh-Wirtschaft. Da draußen im Dachauer Kirchturm-Land mit Namensschild damals noch an der ehern Kirchenbank.

Und wer alljährlich wieder eines Besseren belehrt war im Thema Seiner-selbst, um seines Selbst-Werts auf der Skala des Ansehens in der Stadt – war meines Vaters unendliche Begehrlichkeit nach Publicity. Vielmehr dorthin-gehend an des Redakteurs heimatlicher Rundschau – mehr der Ausschau nach schließend vom Münchner-Merkur in hiesiger Bearbeitung um die <Dachauer Nachrichten> Eben des heimatlichen Beiblatts in gestreng Münchner Order und Kollektiv, wie Bayern-weit neben unzähligen Landkreisen seither beinahe verpflichtend sehr wohl auch bekannt.

Schien zurück in Gewichtung schon um des Feuerwehr-Postens nahrhaft geschuldet auch – eben möglichst fotogen und best platziert auch mal wieder in absolut guter Auflösung des Presse-Fotographens Bildnis, man hoffentlich doch optimal berücksichtigt zu sein. So die Heils-bringenden Erwartungen insgeheim zuhause schon. Was aber fehlender Beliebtheit und Akzeptanz wegen, unerreicht eben beständig ausgeblieben war über all' die Jahre ums Feuerwehr-Wesen im Dachauer-Land. Sollte im Selbstbetrug allerdings klein- und beiseite geredet verwahrt geblieben sein im stillen Kämmerlein. Auch der Tatsache geschuldet schon – indessen man sich im Abbild der mitnichten je vorhandenen Akzeptanz zuallererst eine Zigarette unaufgeregt und ungefragt angezündet haben wollte bei uns daheim im Wohnzimmer. Alsdann gelegentlich zu Besuch im Thema Feuerwehr zu Gast. Gefolgt auch von unterlassener Abstimmung am Übergang zur Nachfolge-Regelung im hohen Dienstgrad – eben des begehrten Titels im Altenteil jedweder Kandidaten im Drang nach Würde und Ehre. Alsdann im stillen Wunsch nach des

„Ehren-Vorsitz" oder ähnlich nach Posten-Sprache umgänglich aufwertend verlautend gewesen. Indessen man eben standhaft geeinigt davon strikt abgekommen war, ihm vermeintlich nur allzu gern geübte Zusammenarbeit weiterhin bescheinigt zu haben kraft Strategie einer vollendeten Nicht-Strategie. Nachdem er schon mitnichten jemals hätte erkannt haben wollen, wonach es Leichtigkeit und Sog nur analog würde bedurft haben um eine gesunde Akzeptanz nach Autorität kraft Amtstitel wie dem nach eines Ehrenamts gedrungen Causa. Folglich indessen sein außerordentliches Begehren eben danach hingegen jedweden Ansporn freilich schon mal genommen hatte seiner befremdlichen Anrede ertüchtigt alias nach des bieder „Kameraden" Erniedrigung wohl nicht minder wegen über viele Jahre.

Um eines Postens freiwilliger Natur im Wesen nach des <Gewählten> – dessen im Jahre 1945 anhand der Ernennung seitens des Landrats Dr,Kneuer am Übergang nach Hitler-Deutschland. Freilich das Chor der Wahlberechtigten um die neu gegründeten Feuerwehren mitnichten vorhanden war. Bevor man der erforderlichen Wiederwahl dann im Turnus weniger Jahre daraufhin, seines Wunsches nach Akklamation erbeten, kurzum dennoch bei erhobener Hand im Saal einträchtig nachgekommen sein wollte.

Indessen daran längst gewöhnt – alsdann zu Fronleichnam der Missgunst von Neuem, trotz des Feuerwehr-Postens Haltung erneut gegeben war. Analog im Terminus zur Aufstellung der Zugfolge in Response eben eines engagierten Zugbegleiters Handzeichen. Dessen Job mit zuhauf an Hintergrund-Wissen nach

Stand, Zugehörigkeit und Innung dafür beflügelt schien. Unisono um des jeweils selbständigen Standes auch all der Teilnehmer in der Stadt – man manch Schein-Selbständigkeit durchs Raster hatte fallen gelassen anlässlich dieser jährlich Brandheißen Gelegenheit. Deren Score vor-bedeutend schon im Seitenblick direkt hin an Dachaus Bauwesen insbesondere hoch gehalten zu sein hatte um die Persönlichkeit des führenden Bauunternehmers. Stets vorneweg benannt mit Münchner Zweit-Sitz. Indessen eben penibel darauf zu achten war, seinerseits erwünscht persönliches Umfeld während des Zuges penibel sorgsam im Auge behalten zu haben.

Wobei väterlich nicht aufzuhaltender Drang dorthin, wie jedes Jahr dann eben mit kurzem Handzeichen umgehend auch schon geklärt war in deutlicher Distanz zur Dachauer Bau-Wirtschaft. Indes einige Zugnummern auf den Schluss zu – eben dorthin wo des Taferl-Buben eindeutig Schild nicht mehr denn ein niedlich bemaltes Hämmerchen in Händen gehalten hatte. Und jedweder Zweifel um des Kleinst-Gewerbetreibenden karge Zugehörigkeit genommen war im Abbild nach Schein-Selbständigkeit als Haus- & Hof-Spengler vom Klosterbetrieb in Schönbrunn unweit hinter Dachau. Bevor es dann in die Fernblick-Veranda beim Ziegler durchaus vergleichbar in Reihe & Glied, Standesgemäß weiter ging zum gemütlichem Teil dann im Abbild der christlich gehaltenen heimatlichen Tradition im Kirchen-Jahr.

Noch zu Zeiten eben, als man den pensionierten Oberlehrer-Boniberger – ganzjährig durchwegs mit der Kniebund-Lederhose oder „der Kurzen" meist barfuß in der Stadt freundlich grüßend unterwegs zu sehen bekam. Dessen Begierde nach Frischluft auch trotz damals noch eiskalter Winter-Temperaturen mitnichten aufzuhalten war und vielmehr das offene Fenster erst seinen Wünschen und Ansprüchen geschuldet dann auch dorthin-gehend nachgekommen schien. Während der Sog um das geöffnete Fenster dann bei Schneetreiben allenthalben das Schlafzimmer teils immens weiß geziert hatte. So sollte an manch Morgenstunde eben der geübte Schneeräumdienst in Eigenleistung verkleinert doch schon als wichtiges Equipment für den neuen Tag in der Altstadt besorgt. Daraufhin erst-mal noch vor dem Frühstück einfach nur noch mit Freuden aktiv dazu gehört haben dorthin im drahtig verwoben Junggesellen-Dasein in der Alt-Stadt oben an der Pfarr-Straße.

Und nur wenige Fußminuten hinüber dann zur Augsburger-Straße, wollte die mit Astrologie ins-besonders eng vertraute <Centa Heidenberger>, eben von Geburts-Daten, Aszendenten und mehr mitnichten genügend davon überladen bekommen haben. Indessen sie ihrer Erst-Einschätzung nach – freilich die Ideal-Frau auch für meine Wenigkeit nicht minder längst am Zettel stehen hatte, nicht ohne deren Daten um Geburt und Geburts-Zeit. Inklusive folglich dann im Nebensatz fröhlich angemerkt fundierter Zahlen schon ums Heirat-Gut und mehr – erstellt und erfragt zusammen getragen wissen aus purer Freude und Leidenschaft um des Nächsten Glück und Einheirat. Schien sie wohl als die „gute Fee" in astrologische Sphären allzu gerne ihrem Drang nach fundiert Sterndeutung mit Leidenschaft auch beherzt nachzugehen. Ohne jemals ein Wort darüber, ob und inwieweit ihren Aufzeichnungen der Trau-Altar schon mal auch

haltbar hinterher gekommen war. Hatte ich es während ihrer
Dachauer Zeiten vermasselt gehabt – den Volltreffer in ihrer
Deutung einerseits spürbar beizeiten auch bestätigt zu haben.
Während das Mädel aus gutem Hause damals ohnehin schon
vergeben schien – so wollte Frau-Centa gut- und warmherzig
freilich ihrem astrologischen Erfahrungs-Schatz nicht minder
Erfolg und Heirat unweit von ihr schon mal auch gediegen zurück
bekommen haben.

Während des Klassentreffens um des Lehrers Kreichgauers
uriger Rechen-Methodik an der Tafel in der Dachauer Ludwig-
Thomaschule – man auch nach Jahren später noch allzu gerne
erinnert war. So schien dessen Unterhaltungs-Wert vor allem
deswegen erhalten – schon weil er sich der meisterlichen
Backwaren grundsätzlich auch an der Tafel vorne symbolisch zu
bedienen gewusst hatte. Indessen seinerseits folglich meist auch
derart unterlegt nachgefragt war. Schien damit nicht zur Genüge
nur getan gewesen um des Lehrers urig Originalität im Dachauer
Schulwesen dort an der Thoma-Wiese. Nicht minder gefolgt
gewesen vom Ober-Lehrer namens Witzgall als Mitglied im
Lehrer-Corps der oberen Klassen im Erdgeschoss. Dessen Image
seither schon als Derjenige insbesondere blumig erwähnt war, in
Befindlichkeit eben um dessen außerordentliche Tierliebe in der
vertraut biologisch kleinen Welt im Ressort der Käfer. So schien
sein Zuhause nicht minder von zuhauf an Lektüre darüber über
eine Schrankwand wohl hinweg gut sortiert befüllt gewesen.
Bevor dann eine Episode besonderer Art unisono noch hinterher

gekommen sein sollte – und seiner höflich wissenschaftlich sicherlich präzise orientierten Nachfrage in Befindlichkeit nach einer wohl besonders ausgefallenen Gattung geschuldet.

Man mangels Nachschlagewerk eben mitnichten trotz aller Mühen würde nachgekommen sein. Worauf man sich schließlich am sehr wohl professoral international orientiertem Münchner Uni-Campus allenthalben dann geeinigt haben wollte, diesem so selten vorbei eilendem Exemplar aus der Welt seltener Käfer-Exemplare. Unbenommen im aller-besten Einvernehmen um des außerordentlichen Namensträgers Witzgall – unisono doch mit dem Emblem namens des „one and only“ <Witzgali> aus Dachaus Lehrers-Zunft. Nicht minder quasi gut und gerne doch für alle Zukunft auch damit analog ausgelobt nach Kräften versehen zu haben.

Und nunmehr zurück zum Kollegen Kreichgauer – ergab seine Methodik alsdann im Exempel der 20 Brot-Laiberl – multipliziert und anschließend addiert. Eben das was schließlich dann bei Hinzurechnung von 10 Brezen usw. insgesamt dann in der Tüte heimzutragen war oder ähnlicher Radien mehr noch zur wohl geübten Aufgabenstellung an der Tafel vorne. Womit ihm alias um des Spitznamens nach des aller-Orts genial "Semmel- und Laiberl-Berechners" allenthalben freilich Klassenüber-greifend launig verehrt erhalten geblieben war. Schließlich bis hin dann zur über-nächsten Generation noch im Chor des launigen Klassen-Treffens angetrieben.

Während am unterem Ende der mit Pfarrhof St.Jakob auch erhobenen Wieninger-Straße die höchstem Maße Messias- und Gottes-fürchtende „Kuhner Marie" – sowohl zur Frühmesse als auch zur Abendlichen Andacht in St.Jakob, in vorderster Reihe zum Altar hin des öfteren von sich reden gemacht hatte. Eben lauthals vom Obergeschoss aus dem Fenster los-schreiend, bei jedweder boshaft empfundenen Gelegenheit als alleinstehend Kinderlose Selbstversorgerin verweilend. Als Diejenige auch – der mein Opa schon mal geraten hatte, beizeiten doch um ihre Schimpf-Tiraden das Gebetbuch besser erst-mal noch zur Seite zu legen. Während ihr unbefreiter Lebens-Weg von Schimpf & Schande zugepflastert gewesen war bis direkt hin zur Polizei-Wache – dorthin eben, wo man sie in der Anrede um des „Herrn Schutzmanns" Hilfe freilich schmunzelnd seither ungut gekannt hatte.

Durfte freilich ein Mann ihres Vertrauens mitnichten je gefehlt haben –kein Geringerer eben denn ihres Cousins Dasein namentlich des Alt-Dachauer Bau-Ingenieurs „Franz Bichler". Dessen furchtlosen Sprach-Duktus man im Dachauer-Land längst von manch deftig gespielter Haupt-Rolle schon von der Theaterbühne her, unbedenklich gut und gerne gekannt hatte. Während Cousine in Person der Marie Kuhner – wohl schon vom Titel her beeindruckt, sich seiner Meinung vertrauensvoll allzu gerne doch hin gewandt haben wollte. Schon weil ihr ob diverser Unpässlichkeiten – Angst und Bang nach Pontius Pilatus im klerikal gehaltenem Sünden-Register direkt hin zur Fahrt in die Hölle, mitnichten wäre je zu nehmen gewesen im Kirchen-Jahr.

Gefolgt vom Dauerbrenner im Narrativ – „Du Franz, wie glaubst du wird es dort unten rund ums „Fegefeuer" denn zugehen!?" Worauf seinerseits nicht viel mehr denn „Deinen Arsch" wirds Dir halt sauber her-brennen über den langen Tag da drunten", rhetorisch gebündelt spontan zurück gekommen war. Nachdem sie ohnehin längst schon beim Notar gewesen war zum gesicherten Eigentums-Übergang ihres Anwesens beizeiten an die Kirchengemeinde St.Jakob mit gestreng an Aufblick und Würde bei zurück haltend Aufschrei zum Klerus.

Sollte hierbei auch die Rede erhalten geblieben sein zu Zeiten noch, denen der Wirtsbub vom „Augsburger-Hof" alters-bedingt seinem Klientel noch mitnichten angehört haben konnte am Stammtisch. Bevor man ihn wohl beizeiten auch eingeschult hatte dort in die Ludwig-Thoma Volksschule – als spontan und lebfrisch bekundend sicherlich schon vom Stammtisch her nach Freigeist aufgesogen gestikulierend und als Derjenige auch im Langzeit-Gedächtnis verwahrt. Dessen humane Aufmerksamkeit seines Vaters Wissensstand ums Fluidum in Mutters wohl gediegen auch geführt nur gut erlesener Küche, doch mitnichten jemals hätte vernachlässigt gesehen wollen. Als auch nicht weiter erörternd würde zurück belassen – man seinerseits Erwartung würde vernommen haben wollen. Schon weil er da womöglich den fremden Eindringling im schmuck uniformierten US-Dekor prompt auch zu vermelden geglaubt haben wollte. Als auch Bühnenreif im Exempel unverhohlen freilich wie folgt verlautbart – „Du Papa, jetzt hockt der Ami doch scho wieder bei der Mama in der Küch´ drin!" Sollte indessen der Papa eben zumindest zuverlässig wohl informiert gewesen sein in gut Befindlichkeit um seines aufmerksamen Sohnemanns Gefühls- und fortführend Zwischen- und Gedanken-Welten. Passiert gewesen freilich unweit des urig erhellend Stammtisch-Verbunds am Eck in einer der Dachaus beliebten Gaststuben.

Indessen zu Ludwig-Thomas erlesen Lebensabschnitt, Zeit und Wirken per se literarisch angestoßen – seinerseits zu dessen Lebzeiten des berühmten Autors und Waidmanns Dasein namens des einzig Kunstsinnigen Leuchtturms Aura. Eben im Wesen hierzu nach eines <Ludwig Thomas> erdenklich Zeitvertreib – Ausschau haltend. Indes doch ohne jedweden Zweifel analog über alle Maßen und kunterbunt als auch der Reihe nach Kräften geeint. Wohl auch launig „als gefundenes Fressen" alsdann bleibend schließlich würde nicht zuletzt d´ran gekommen sein. Eben dorthin in eines Ludwig-Thomas farbenfroh blumiger Ausmalung nach des Heimat-Dichters gewogen mit Akzent und besonderer Pointe an tiefsinnig anspruchsvollem Humor geknüpft. Unisono bei lächelnd spröder Überlegenheit und nicht minder guter Portion auch an gewogener Gelassenheit als Jagdherr mit Ansehen und gemäßigt an Erhabenheit da draußen im Dachauer Hinter-Land gut und gerne unterwegs gewesen. Bevorzugt indessen dorthin bei Kleinberghofen im nördlich gelegen ausgiebig hügelig rustikal auch schlag-bar bewaldetem Landstrich. Eben an Plätzen in Wald und Flur – dort wo man ihn wohl immer wieder mal auch waidmännisch zünftig gerüstet allenthalben nahe vergegenwärtigt zu sehen bekam. Schien ihn sein nahe gelegen Dachauer Land wohl mitnichten jemals wirklich losgelassen zu haben schon im Wesen des bajuwarisch angehauchten Heimat-Dichters Welten auch bis hin ins Ammer-Gebirge.

Doch was wäre diese auf Dauer so lieb-gewonnene Künstler-Stadt an der Amper – hätte es nicht seit jeher schon diverse Laienspiel-Bühnen, – wie neuzeitlich das Theater am Stadtwald mit seinen hiesigen Laien-Darstellern mitsamt der treu-herzigen Besucher auch gegeben. Schon dorthin-gehend um das Wesen, eben das was Dachau seither schon ausgemacht hatte – heimatlich spröde als auch feudal wie Bühnen-tauglich mit Frohsinn und kurzweiliger Heiterkeit. Man launisch blumig hautnah hatte vorgetragen bekommen. Indessen ob hart gesotten oder rund um Liebschaft, Spießbürgertum bis hin zur Welt des Schwerenöters für reichhaltig an Text und Tumult alsbald bei hoffentlich wettbewerbsfähigem Heirat-Gut am Zettel. Ist des Ansinnens nach Aussteuer und Nachlass im Nachgang „zur schönen Leich" beim Wirt freilich Text und Raum zur Genüge gegeben. Bei zuhauf dann für Szenenapplaus und Gerede daraufhin noch im Wirtshaus hinterher auch betulich gesorgt sein sollte im Chor der Theater-Gemeinde mit Heimat-Geruch.

Bevor für des Kenners Novum nach Begierde „rund ums Sach" – samt des Hochzeitladers ehrwürdiger Belange und Gesangs-Einlagen, manch Landmädels Wunschliste im Bestreben nach Einheirat an respektierlich Dachauer Geschäfts-Adresse. All-dessen ohnehin doch stets zum Brennpunkt der Szenerien rundum erklärt gewesen sein sollte. Womit der Familien-Planung seit allen Zeiten gebührend doch an Vorschub willfährig geleistet war – ob

im richtigen Dachauer Dasein nach Standards oder etwas
erhöhend mit Luft nach oben dann auf der Bühne. Geeint im
Leitspruch „Hauptsach'" gut rüber gekommen tags-darauf dann
bei hoffentlich doch nur guter Beurteilung dann in der Tages-
Zeitung aus München in heimatlichen Händen.

Während-dessen sich bis heute auch der legendäre Bockerl-
Zug von anno dazumal bei urig und fauchend grauer Rauchwolke
am Himmel. Wie gewohnt schon, alljährlich niedlicher Kultur bis
Geschichtsträchtig nostalgisch auch beibehalten zu sein scheint –
seither losfahrend am legendär anmutend Dachauer Stadt-
Bahnhof. Alsdann zur Weiterfahrt bis hinaus nach Altomünster
mit Zwischen-Stop noch über den Markt-Indersdorfer Bahnhof in
Strecke. Indessen nicht minder alt-herkömmlich in Dachauer-
Tracht aufgeboten, inmitten der rustikalen Holzklasse bei Imbiss
verweilend. Daraufhin ein Spektakel durchaus Filmreif und
sehenswert auch gerne mit Elan nachgespielt wird mit alt-
herkömmlich auch an so manch Weisung des Schaffners durchaus
anknüpfend. Nicht minder nostalgisch eben der Alten-Reichsbahn
sicherlich wohl behütet entnommen alias nach Schrift und
Brauchtum verlautend wie seither im Hinweis „Blumenpflücken
während der Fahrt verboten" beschriftet. Soll während-dessen
auch des bewussten Schaffners Job neben des Lokführers honorig
Persona-Grata mit-samt des bewährten Heizers unermüdlichen
Schaufel-Einsatzes. Absolut korrekt und traditionell gen Ruß
gekleidet allgemein bestaunt auch wider gegeben sein.

Wollte nicht zuletzt auch – seiner mütterlichen Lehramt-Praxis entsprungen, eben der „Girgl" im Amt des Dachauer Baumarkt-Landrats – geb. i.J. 1947, nach Kräften Christ-sozial Heils-bringend für die Partei allzu ehrenhaft Geld-wert auch entsprungen. Eben stets nach Alt-Dachauerisch Kleiderordnung beinahe echt dienstlich urig auch gewandet, alljährlich mit von der Partie gewesen sein. Gehandelt auch als Derjenige Behörden-Chef nach gekürt und gewählter Befindlichkeit – dessen Kür nach all´ den Jahren dann 30-jährig schon als CSU-Schwergewicht und gewogen Chef der „Jungen-Union" vorher schon Wasserdicht auch abgehandelt daher kam. Schließlich wie nicht anders erwartet – eben als Derjenige Flügel-verleihend im Abbild, dessen bella-Figura bis direkt hin ans Landrats-Amt beizeiten schon gewählt und im voraus anscheinend vorbestellt gewesen war. Schien indessen doch damit längst nicht genug gewesen an Habitus und Aufstieg im Nimbus um des Sohns eines Ing. bei Isar-Amper. Seinerseits vielmehr erdenklich für die Stärkung der Parteibasis im Glauben daran man nach Kräften schöpfend zu nehmen auch bereit war. Wonach es ihm kraft einer räuberischen Kampagne als verdrängend wohl aufgebotener OBI-Herkules entgegen des seinerseits befeuert schädigend forcierten Mittelstands. Schon im ersten Schritt nach Plan erschreckend marginal allerdings gelungen sein sollte.

Dem allzu famos gesteckten Ziel an Neben-Einkunft für die seinerseits seit Jahren schon geführte Kreis-CSU, die immens fortlaufende Beute aus Kampagne, Korruption und abgefälschter Betriebsamkeit erst-mal dauerhaft der Vereinskasse beinahe gemeinnützig auch zugeführt zu haben. Wofür man sich des altbekanntem Schemas im Abbild nach eines bunten „Schnürl-Hanswurschten" eine Tod-sichere—Chance dorthin am neuen Einkaufs-Park breitbeinig zu nutzen gemacht hatte auf immenser Hinterlassenschaften Spuren diesseits im Kontext zu seiner Sparkasse als Fallensteller im Dekret zu Diensten.

Schon um als Partei-Mitglied ohne jedwede Größe an erwähnenswertem Eigen-Kapital seines Adlatus – damit ein Phantom für diesen OBI-Dachau über des Telefonhörers Merkzettel verlogen losgeschlagen zu haben. In Anbetracht um sich und den Seinen von der Partei als auserwählt gesetzter Kandidat. Auf Dauer ein Groß-Objekt unisono für Haus & Garten direkt von Tengelmanns-OBI über seines Zeichens nach des unbedarften Strohmanns. Kraft angeworbener Scheinfunktion aus den Partei-Reihen um des Franchise-Jobs lukrative Funktion zur Kampagne fern jedweder Legitimation. Alsbald über Jahre hinweg unentbehrlich zugeführt zu haben als kommunales Establishment.

Als auch ausgewildert freilich zudem noch als „Hidden Champion" redaktionell auch fortwährend noch befeuert angepriesen, schien eben rundum irreführend verlogen und furios arglos sich und den Seinen „gut Kasse" vom OBI-Paradies aufgeboten. Worauf sein Job im Dekret des Landrats, um des jeher kaum realistisch wahr genommenen Chefpostens vom Dachauer Sparkassen-Platz zudem noch. Seines Adlatus Auswüchse im Griff nach Kapital zur Umsetzung des Projekts im Parkverbot des Mittelstands. Erhaben als auch souverän daraufhin – allem an Hindernis man furios aus dem Weg zu räumen wusste dorthin auf der Schnellstrecke direkt hin an die schweren Tore zur Bay. Landesbank an Münchens Karolinen-Platz als eigentlich installiertes Aufsichts-Organ.

Indessen sein folgsam agierendes „3er-Gespann" mit dem „Steffl" von der Sparkasse ganz vorne-dran – munter vom „Paulus zum Saulus" rigoros gewandelt, man sich erbaulich dann zur Zertrümmerung diesseitiger Handels- & Service-Aktivitäten für Baugerät & Maschinen. Zielgerecht im Destruktiv-Einsatz zur absoluten Auslöschung geschäftlicher Anstrengungen im Abbild des absolut tollkühn tauglichem Instrumentariums dafür heroisch am neuen Einkaufs-Park, losgeschlagen sein sollte. Als auch unweit davon nicht minder im Seitenblick, auch zuhauf an Fahrt nach Illegalität und Zerstörung ohne Beispiel analog im Partei-Fieber zudem aufgenommen war – unter Majorität des Landrats im gewinnend forciertem Auftritt auf politischer Bühne doch für die Partei nur im Bedarfsfalle. Sollte diesseitigen Ambitionen nichts weiter denn die Verhinderung nur angestoßen gewesen sein. Während der Freien-Marktwirtschaft zuvorderst der Wettbewerb als grundsätzliches Kriterium, damit illegal genommen sein sollte.

Während zum legendären Ziel-Ort namens Altomünster zurück – über einen sehenswerten Landstrich hinaus, ein hinzu gewonnen gewogen Stück-Land aus Bay,-Schwaben, rustikal nach Volks-Abstimmung rechtens erwogen. Folglich in den 70er-Jahren man seither das KFZ-Schild <DAH> im Tausch allzu gerne doch bekommen haben wollte. Um eben „Ober-Bayerisch" bestückt gut und gerne durch die Lande dann seither gefahren zu sein – als eines der schönsten „Filetstücke" im neu erschlossen Dachauer-

Hinterland rund um Altomünsters Staats-tragend gehaltene Kirche St.Alto. Deren gepflegtes Brauchtum rund um die Kirchturmhöhe von rund <75 stgdm> auf erhöhtem Untergrund ab-gelastet. Nicht zuletzt zur Adventszeit das seltene Spektakel im Aufruf um das Fest der Feste im Sinne nach des einzig ur-Bayerisch wie heimatlich gewogen „Hoagascht", zu veranstalten weiß im Saal des oberen Wirts dorthin „zum gepflegtem Kapplerbräu".

Man dessen Tradition seither schon klassisch ur-Bayrisch freilich auch auszurichten versteht. Womit zu-Deutsch man der Befindlichkeit „des Zusammen-Rückens" ringsum erwärmend am Tisch freilich insbesondere nach „Brauch", gediegen auch nachzukommen bereit sein möchte. Unweit eben einer ehemals klösterlich gefördert gehaltenen Glaubens-Kongregation im Namensbild nach des St.Alto seither gebührend geführt gewesen in den Annalen am Fuße des malerisch klerikalen Bauwerks dort oben vor-Ort mit Rundum-Fernblick bis hinein ins Karwendel-Gebirge.

Doch zurück ins alltägliche Verdingen mit dem Landrat als Chef auch der Gewerbeaufsicht – so ist man hierbei auch dort angekommen, worüber die Rede schon mal von zwei Komponenten – eben von zumindest zwei Partnern/ Parteien zu sein vermag. Wie nicht selten auch unisono von des Hehlers wie um des Stehlers verwerflich Befindlichkeit würde noch zu reden sein. Und folglich der Humbug in meiner Heimat hörbar – „OBI hat den Blümel zur Strecke gebracht", vollkommen daneben nur würde vor Gericht daher gekommen sein. Indessen man bei Tengelmann ein Verkaufs-System im Kürzel-OBI eben für Leute mit Kapital zu Zeiten der Wende an den Markt mit viel Erfolg gebracht hatte. Mitnichten jedoch für ein paar Turbo-Sparkassler samt eines Landrats dahinter – um sich auf fremden Märkten über den Strohmann mit leeren Taschen hinweg, nach Kräften lautstark austobend mit anderer Leute Geld ertragreich wieder gefunden zu haben. Worüber nicht minder als Drahtzieher pointiert an der Leine mit einem Phantasten an OBI´s Dachauer-Frontlinie mit den Einkaufs-wägen am Hof meist zur Hand. Über Jahre lukrativ kraft Placebo schon medial aus der Tages-zeitung unisono aufrecht erhaltend man Obrigkeitshörig eben dabei geblieben war.

So sind trotz diesseitig veröffentlichter Indizien am Markt – wie seit allen Zeiten bekannt, indessen Menschen eben das nur zu glauben bereit gewesen in und um Dachau seither auch. Wonach ihrer Gefühls-Welt nach eben gerade-mal Zugang gewogen man zu sein schien. Und folglich weitere Jahre immenser Illegalität in Händen „as not very amoused" daraufhin ins Dachauer-Land unbeschwert Einzug gehalten hatten. Um schließlich des Konzerns seither gebührend wohl traditionell Weltweit ausgeübte <Kaufmanns-Ehre> angetrieben zu haben direkt hin zur Ordnung namens der <OBI-Holding>.

Als auch im Ziel nach Vermittlung ums Privathaus im <Garten Eden.> Sollte eine <masters-card> im Limit bis DM 50-tsd. jovial erdenklich noch persönlich an mich wohl gewollt freilich erst-mal noch ausgereicht gewesen sein. Bevor dann der Umschwung aus deren Partei-politischer Ecke zum Desaster und des geschäftlichen „Ad-Absurdums" nach des Scherbenhaufens Symbolik. Bedenkenlos im Abbild des Grauens damit noch entfacht war. Schien die Joker-Karte „alles doch nur für die Partei" gemeinnützig angestoßen, nicht minder erdenklich noch verlautend hörbar nach des Schemas „Einer für Alle – Alle für Einen!" Womit dem vormals bieder erscheinendem Sparkassler, jetzt aber ein Instrument der Stärke de-facto hingelegt sei – und der nach erzählte Raubzug an gut 30-Bay. Sparkassen über die Bayern-LB divergierend umverteilt. Freilich vom Establishment erst-mal aufgeräumt war in klärender Leaflet-Note Bayernweit.

Inszeniert und exerziert von Leuten auf Abgründen im Hause, deren unverhältnismäßiges Verhalten dorthin mitnichten würde jemals nur hingehört haben. Während für mein Dafürhalten ohnehin deren Aufstellung zurück genommen wie reduziert schien auf politisch gegenseitige Empfehlung direkt hin auf des Landrats allzu vertrauensvoller Plattform als Träger im Amt um sein Kabinett. Während allenthalben zu-getextet auch von der Bilanzsumme 4-Mrd.-schwer, man von sich eben allzu leicht hatte zudem manch Unsitte eben einreden lassen allem Anschein nach. Gefolgt auch wie allem voran vom hervorstechend Rang im Standard nach Bildungs-Abschluss am Board der Sparkassen-Akademie inspiriert nach Selbst-Beweihräucherung. Schon um nicht minder gebührend im gehobenem Dienst dann gewogen als FH-Betriebswirt gelistet zumindest gut und gerne auch aufgetreten zu sein.

Während sich Dachaus Fach-Publikum in Befindlichkeit um eines total abgefälscht wie redaktionell im Modus nach des Super-Gaus lautstark gewogen verkauften OBI-Standorts – man sich hingegen von Masse in den Regalen erschlagen. Doch kaum kritisch sondern solidarisch verschwiegen sich verhalten nur gezeigt haben wollte. Dies ob mit oder ohne Parteiausweis in Befindlichkeit um des Landrats Christ-sozial in Verwendung gebrachtes Allgebra danach geschuldet erkannt. Indem man sich analog doch in schweigender Mehrheit seithe unaufgeregt zu verhalten wusste.

Wogegen es im 1.Amtszimmer in Dachaus Rathaus – seither schon umso bunter zugegangen war. Indes von Bürgermeister Zauners „schwarzer" Zugehörigkeit über mehrere Amtsperioden hinweg nur die Rede war, gefolgt vom „roten" Druckerei-Inhaber dann namens des Fredl Böcks kurzer Ära im Amt nur. War daraufhin dann eine Partei-lose Ära alias <persona-grata> namens des über mehrere Perioden hinweg nach des Dr.Lorenz Reitmaiers Vita. Wohl erstmals in voll akademisch geführter Rolle im Amt willfährig besetzt gewesen. Begleitet mit zudem viel an Kunstsinn und des gebürtigen Mäzens Haus-eigener Aura als Sohn des Alt-Dachauer Herren-Schneiders an der Gottesacker-Straße.

So schien man alsdann freilich über mehrere Perioden hinweg insofern wie nicht anders erwartet, schon Kunst-historisch auch an den Start gegangen. Als auch einer mehrfach überdauernden Regentschaft in gewogen Befindlichkeit gefolgt gewesen war in Lesart mit Blick für Dachaus weithin bekannt edle Kunstwerke. Bei vielfach nahe gelegener Flora & Fauna wie längs der Amper-Auen beschaulich erlesen. Und überall in der Stadt, wo Baum & Strauch nicht mehr wegzudenken gewesen wären. Als auch darüber-hinaus zur Seite im ökologisch gestimmten Auge des heimischen Künstlers unweit von Pinsel & Palette. Deren Unikate

im Anschein als Parteilos an der Stirnseite im Stadt-Parlament –
hingegen in Fachkreisen dem schweren Geläut der „Schwarzen
CSU-Anhänger" insgeheim doch über all' die Jahre seiner
Amtszeit aus Überzeugung zugeordnet waren. So wäre hingegen
jedwede Doktrin nach charakterlich anmutender Nähe zur
damaligen Amtsperson dort im Landratsamt.

Mitnichten jemals nur zur Diskussion gestanden gewesen im
Hinblick zum Sündenbock um des Dachauer Baumarkt-Skandals
Kuriosität. Als auch einer von überragend an Omnipotenz mit
getragenen Sparkassen-Veranstaltung zugunsten des Landrats
Vertraulichkeit in verwerflich mittelständisch frequentierter
Lauerstellung. Deren Primus bekanntlich schon aufgrund der
erheblich größeren Einwohnerschaft über die Weiten des
Landkreises einer Kreis-Stadt gegenüber „an I" gelistet ist im
Geldhaus der Kreis-Stadt. Weshalb des Ober-Bürgermeisters
Mitsprache-Rechte an vorderster Rangstelle im Sparkassenwesen,
eben nicht viel mehr denn nach zweitrangig „als des Underdogs-
Stimme" aufgestellt daherkommt. Unisono freilich vom Partei-
politisch erwogen wie teils auch mal per Fraktionszwang
legislativ erreichter Interessenlage herkömmlich beizeiten auch
vereinnahmt.

So muss es für ihn in abgeschwächter Mitsprache –
andererseits der Muse um das Kunstwesen nahe-stehend, umso
mehr nach Paradoxon sich angefühlt haben mit Blick auf
Dresdens irre überhöhtem Ankauf um das dortige Geheiß im
Groß-Objekt am Stadtrand namens der Alten Heeres-Bäckerei
kraft umtriebiger Dachauer Sparkassler. Während mich die

Zeitreise nach dorthin im Folgejahr eingeholt hatte am Tisch mit meinen Kollegen nahe der <Semper-Oper>. Dort bei Brotzeit und Fassbier in einem echt Bayrischem Bierlokal nach üblich Design und Innen-Architektur. Als auch der launig rhetorisch verlautbarten Gruß-Worte im Hinweis über den benachbarten Tisch analog – „na Ihr Dachauer müsst ja gut Geld haben kraft Interesse im Überfluss an der Alten Heeres-Bäckerei hier weit draußen!" „Was ohnehin vor-Ort mitnichten wäre jemals abzusetzen gewesen – das wolltet doch Ihr Oberbayerische Immobilien-Sammler wohl unbedingt allzu hoch ersteigert dann Siegreich schon mit nach Hause genommen haben!" Wofür Dachaus I.Sparkassler vom Amt wohl zu zeichnen bereit gewesen waren mit anderer Leute Geld.

Während es doch im Dachauer Rathaus gleich im Anschluss dann an die Reitmaier´sche Ära doch auch mal die <Grüne-Liste> insoweit wählbar angetrieben gegeben hatte – nicht minder im Stadtrat um deren Beschlussfähigkeit man freilich befristet überschaubar quer gestanden zu haben schien. Kann ausgehend seit Jahren indessen an Dachaus Regierung – man sich an den Kandidaten aus <Freier Wählerschaft> gut und gerne gewöhnt haben dürfte.

Schien man Partei-politisch vom Eggenfeldener OBI-Rückzug im gleichen Zeitraum mit Fingerzeig bedenklich hinweisend gestimmt auf Seiten der erfahrenen Expansionsleute im Emblem um Tengelmann-OBI. Ausgehend im Kontext nach des Fachhandels heimatlicher Wertschöpfung, seither dann im <hagebau-Emblem> umgeflaggt in gleicher Hand daneben. Man folglich regional kompetent nachgerückt schien dort am führend Standort-Eggenfelden Fachhandels-treu zurück. Indessen doch die Karten inzwischen neu gemischt sind im Portfolio der VB-Raiffeisenbank im Oberbay. St.Veit beheimatet – ist der EDE-Standort Eggenfelden freilich vorzeigbar erhalten geblieben nach Nieder-bayrischer Aufstellung. Dorthin wo man es noch solidarisch angesagt kann mit den Leuten, den Bürgerinnen und Bürgern eben in Eintracht um Haus & Hof selbst bestimmt erfahrend. Ohne über Lobbyismus, Partei und Establishment nach des Satans Absurdums wie diesseits hingenommen, jemals nur nachgedacht haben zu wollen.

Sollten während-dessen doch unzählig an Jahrzehnten noch ins Land gegangen sein – bevor man hier im niederbayrischem Rottal im Aufschrei um eine sogenannt „München-Dachauer Räuberbank". In Redakteurs Feder erfrischend wie kriminell nach des „Almanach". Zuhöchst berührend getextet als auch Kopf-schüttelnd – des Pendants hierbei naheliegend, eben an Unzulänglichkeit zu lesen bekam zu „grauer Dachauer Vorzeit" schon. Eben manch Geldwert abgedrehtes Dingen man längst korrupt auch abzuliefern wusste. Dorthin am Geldhahn eines verwunschen Dachauer Geld-Hauses in Herkunft allerdings privater Natur noch im späten 19. Jhdrt. Was namentlich auch nach der Vorreiterin fürs „Pferde stehlen" gemäßigt nicht nur würde nachgesagt gewesen sein. Sondern freilich für unisono finstere Bankgeschäfte auf Abwegen hinterher kam im schlechten Spiel minderwertiger Freiwild-Kampagnen. Als auch umso mehr folglich überliefert hierbei, schien die Rede nicht minder in Befindlichkeit einer mit äußerst minderem Leumund behaftet

München-Dachauer Schauspieler-Figur auf Abwegen gewesen. Deren Sinneswandel mit Avancen zur Bankiers-Frau befeuert auch elend befruchtend angetrieben schien. Gemessen überdies im Dasein über weite Strecken hinweg im Genre am Film-set – schien sie präpositional vor der Kamera geübt an manch erbaulichem Drehort.

Schon um zuvorderst deren ausgeprägte Unbekümmertheit als auch Leichtfertigkeit durchwegs desaströs angereichert verspürend hinzubekommen. Während man bei nicht minder an erschreckend Brutalität, durchaus auch manch Szenerie nach diesseits Muster zu Ende gedacht hatte im Omen schon auf diesseitige Erlebnisse Jahrzehnte später. Schien der bedenklich Nacherzählung folglich einer pointiert hochtrabend, ohnehin voller Habitus noch zur selbst ernannten Bankiers-Frau blumig selbst erklärend von allzu weit hergeholt. Eben alsdann doch der Spiegel noch von Amtswegen her nach Kräften in Eises Kälte vorgehalten war.

Wie nicht zuletzt verknüpft gewesen auch namens einer minderwertig arglistig schlecht hinterher geredet agierenden Vollzeit-Täterin, deren Fußabdruck übers Dachauer Land auch markiert war. Analog eben deren Namen verbunden war nach einer allzu verpönt wie Stadt- und Land-bekannt, als auch unverhohlen aufmüpfig pointiert wie gnadenlos im Abbild als Teufelsweib bekennende Lesbe. Namens einer spitzfindig und leichtfertig übers Land und Häuser unübersichtlich gezogenen „Wünsch-dir-was" Geschäfts-Frau namens dieser verwunschen verwegenen „Adele Spitzeder". Der man ihren Bekanntheits-Grad bei minderwertigem Image als Diejenige nach der Palast-Revolution auf Abwegen des Geldes eifrig unterwegs weibliche Person ins Gedächtnis genommen hatte. Als unumwunden in allen Farben abgebrühte Genossin – der man im Dissens nach allgemein heroischer Standards folglich mitnichten würde nahe gewesen sein wollen. Im Ruf danach – Reihen-weise doch um Haus & Hof samt Frischgeld fortan in ihren Händen gebracht zu werden – ohnehin nahe des Pendants von heute wie erwähnt. Als auch zum Verwechseln ähnlich nahe mit eines „Steffls" Schreck-gespenst und Wucher an Einlassungen als Fallensteller und Plünderer, wie nebenher agierend mit Schrecken selbst erlebt. Schien man diesseits folglich ähnlich verheerend anmutend im Beipack dabei gewesen. An Partei- und Geldfront maßgeblich unzulänglicher Regelwidrigkeit abgrundtief geschuldet. Wie beispielsweise ums Privathaus im Garten-Eden – wofür der Zahnarzt-Spezl doch zum halben Preis vorgesehen war im Mondschein-Tarif für Sparkassen-Sonderfälle.

Um sich dorthin besessen weg-lächelnd nach Fraktions-zwang im ohnehin längst Staatsanwaltschaftlich laufendem Suspendierungs-Modus der Vorstände übler Befindlichkeiten. Man quasi am Beginn der 90er-Jahre mit vollen Konten längst sich am Raus-Weg fern „trockener Tücher" befunden hatte. Nicht minder dann im Straf-Vollzug üblich befindlich gewesen wäre im Delikt nach „vom Dienst genommen. Indessen kurzum dann bei zudem allzu hoch noch gewährter Abfindung im Vakuum des politisch korrupten Dienstherrn im Amt, einst gestreut hin-gewählt gewesen im Behördlichem Grad an allzu gut Nimbus geschuldet am Ende einer allzu steilen Karriere als Mitglied im Vorstand.

Man alsbald dann schon im Aufenthalt zum Abschlag an der Golf-Range im Score nach handycap losgezogen war. Dort drüben in der Ferne Orlandos um Miami-Beach im sonnig beworbenen State-of-Florida in den Weiten der USA.

Während man hier gerne auch von der <Revision> im Hause bedächtig erwähnend geredet haben wollte. Schien man „den Münchner Spürhunden" vom OBI-Spektakel tunlichst fern gehalten – den Haken dennoch für dieses Geschäftsjahr dahinter abgenötigt zu haben. Während Baden-Württemberg aus „faulen Dingern" nicht mehr denn eine profunde Waisen-Kasse zur Verhinderung Zweck-entfremdeter Verwendung neuerdings zu gestalten wusste am Obligo einer Sparkasse vorbei eilend.

Bevor hierbei eines vermeintlich honorig eingefleischten Insolvenzverwalters Abgründe – wie erwähnt schon ins Spiel „ohne Grenzen" hinzu gekommen war. Um sich als Phantast für zig-fache Überhöhung im Selbst-Verlag, dem Amtsgericht Mühldorf gegenüber versucht zu haben. Indessen es ihm leicht gefallen schien, der aus 2-Adressen gerade-mal bestehenden Gläubiger-Abrechnung eine massivst abweichend 5-stellige Kosten-Note auf seinem Ander-Konto. Unverhohlen dargestellt zu haben. Womit er allerdings nicht weit gekommen war – nachdem man seiner üblen Mondschein-Rechnung für wohl kaum einer Büro-Stunde an minimaler Grund-Rechennote fern von jedweden Mehr-Aufwands. Massivst den Rotstift um 2-Dezimalstellen gekürzt zu verpassen wusste. Und folglich Staatstragender Ordnung nachgekommen war im akkreditiert vermeintlich zwischen geschaltetem Jura-Organ. Dessen Job würde aufgestellt sein an insolventer Front in freischaffend Staats-tragend beaufsichtigter Rechtsordnung. Hierbei hingegen weit davon entfernt aufgetreten gewesen als Betrüger „mit Lackschuhen" – in durchwegs amtlicher Haltung.

Während sich zusammenfassend doch die Grundsatz-Frage stellt – vom Vorstands-Chor am Sparkassen-Platz – des Landrats umtriebiger Apostel in Befindlichkeit der längst angelaufenen Amtsenthebung. Sich umwerfend auf deren Begehrlichkeiten mehr – des Auftakts für Bauland-Absatz vorschnell noch auf die Suspendierung zu, jemals nur eingelassen zu haben. Indessen des Landrats Immunität im Alleinstellungs-Merkmal namens eines OBI-Dachau, als grober Verstoß gegen den Wettbewerb in Freier Marktwirtschaft kraft Marktbeherrschung am Platz. Der Spiegel wohl eindeutig dabei vorgehalten war. Und der dies-seitigen Allianz im Einkaufsverband im Exempel als PVH-Produktions-Verbindungshändler und Dienstleister für Baukran-Logistik – das an Untreue hinterher mit allen Konsequenzen vorgelegen hatte.

Deren ursächliche Eingriffe zurück gehen noch zur heute belächelten Sparkassen-Leerung in der Grundschule schon. Während diesseits der honorige Mitbewohner im Mietshaus von damals kein Geringerer denn der frühere Sparkassen-Direktor namens des sehr angesehenen <Hans Brand> würde gewesen sein. Und von daher schon – überall eben dort, wo Sparkasse im Emblem gezeichnet erkennbar war – das eben an beinahe blinder Vertraulichkeit auch Bestand hatte. Und seiner Sorge um meine geschäftlichen Wege auch mal verlautbart war – wie „unternimm´ mir besser nicht zu-viel!" Als wollte er mich schon zur Vorsicht im Umgang mit seinen vormaligen Anvertrauten – eben der Auszubildenden aus seinem Ressort unbedingt doch gewarnt haben schon im Sinne der allzu famosen Überflieger vom Sparkassen-Platz.

Als ließe sich hinein interpretiert haben – wer sich auflehnt, der fliegt. Oder bezahlt wird irgendwann mit dem Leben – wie zuletzt <Nawallny> in Putins Schusslinie. Denn ob Auflehnung oder im Versuch nach Verhinderung oder Anprangerung – Witwe <Gretchen Dutschke> hält laufend Lesungen im Titel „Worauf wir stolz sein können" in Berlins Buchhandel. In ihrer Retrospektive um ihres geliebten Rudi in Ehren – der auf die Straße gegangen war gegen Vietnam, dem Recht der Frau bis hin zu Fehlbesetzungen aus der Nachkriegszeit in den Stuben der Berliner Behörden.

Dort eben, wo die „Nazi-Ärsche" noch immer das Sagen gehabt hatten, so seine Mission. Indes Rudi Dutschke aus Ost-Berlin gekommen war, als wahrer Rebell. Als Derjenige auch, der sich für Niemanden hätte verbiegen lassen. Schon gar-nicht vom Gestrüpp der Kommunalpolitik – eines Dachauer Landrats im Siegesrausch für Sonder-Vermögen aus der Franchise-Zentrale. Deren Machbarkeit es würde zu verhindern gegolten haben – diesseitig erdenklich. Worauf meine Sparkassler zur Seite – konspirativ ein zig.-Mio.-schweres Geflecht mit sicherer Todesfolge aufgelegt hatten im Christsozialem Schlachtruf „Blümel muss weg!" Bevor man der Notwendigkeit der <hagebau-Präsenz> am Platz, kraft des Münchner Engagements diesseits das Wasser hatte unbesorgt abgraben lassen. Als Sonder-

Vermögen im acht-stelligem Klassement vielleicht im Anschluss an den Zusammenbruch diesseitiger Anstrengungen – auf Gegenseitigkeit unter Verbündeten Bay. Sparkassen.

Weiß man um <Michael Verhoeven> im Exempel „Die Brücke" mit den Gebr. <Wepper> – der stets dorthin den Finger in die Wunde gelegt hatte, eben im Fokus um die Frage des Verhinderns eines Regimes. Ähnlich durchaus nach des <Rudi Dutschkes> Rebellion als Anführer auf der Straße mit seinen Kommilitonen, bevor er des schießwütigen Berliner Polizisten Abneigung wegen mit dem Leben dann bezahlt hatte.

Sollte das am diesseitigem Äquivalent insoweit verknappt daran vorbei noch im Nebensatz zum Suizid abgegangen sein, während die Berliner Staatsanwaltschaft Rudi Dutschkes Mörder nach ähnlich staatstragender Untätigkeit – wie deren Bay.-Kollegen um Dachaus Landrats Baumarkt-Skandal. Sehr wohl besser doch „laufen gelassen haben wollten" im demokratisch organisiertem Bayern-Lande.

So möge man sich kompensierend trotz allem – nach „gut Ding & Weil" im alten Dachau besser doch umsehen. Alleine schon seiner da und dort auch gut bürgerlich eingeführten Lokalitäten wegen. Mit einem Touch an Nacht-Lokal wie eben des erwähnten „Flori" in der Altstadt. Bei gut nachgespielten Songs aus den 60er-Jahren mit Münchner Beat-Bands auf der Bühne. Wie man sie auch im Karlsfelder MAN-Casino Sonntags hatte verraucht genießen können. Bis hin in die späten 60er-Jahre –

bevor man daraus die LKW-Übergabe/Abholung daraus errichtet hatte für weit mehr denn hundert Erzeugnissen vom Montageband täglich abgehend. Ergänzt durch das Ersatzteil-Lager international seither im Dachauer Industriegebiet.

Indessen mich die Zeit immer wieder mal einholt auch aus Erzählungen im guten altem Dachau – der Heimat manch Münchner Beamter und Verwaltungs-Personal mit Monatskarte zur Bahnfahrt direkt hin zum Hauptbahnhof im Strecken-abschnitt München-Nürnberg inzwischen erweitert.

Während ich allzu gerne doch zurück greifen will an Alt-Dachauer Zeit wie vormals dorthin auch ins legendäre <Cafe Pelstler> an der Frühlings-Straße in Bahnhofs-Nähe, zurück vor gut hundert Jahren im Abbild dort als Gast Tagträumend verweilend. Indessen eben zu Zeiten noch die Rede gewesen schien – als man sich im Hinterland sonntäglich stets nach gutem altem Brauch noch. Eben dorthin „in die Stadt" Heils-bringend nachmittags wie nur gut gemeint nach des Feiertags-Anzugs und Kleider-Ordnung vorzeigbar gewandet beschwingt möglichst dort hin allerseits. Passabel dafür aufgemacht haben wollte. Nicht minder doch bedeutend dorthin halt zu opportun reichlich auch an gewogen Provinz und Brauchtum, Ratsch-Tratsch, Gelüsten und Genuss. Möglichst unbefangen auch gut und gerne angestoßen dabei sein wollte.

Indes nicht minder auch duftend am Eingang schon nach
Augenweide und Wohlbefinden um Arabisch Kaffee, Sahne und
des Konditors feinster Kuchen-Auswahl stolz hinweisend. Man
meist hinter Glas dann zur honorig nach Verführung am Buffet
einladend vom Chef des Hauses auch empfangen war. So schien
es nicht minder für des rührigen Ross-Knechts vom Hinterland
leibhaftig Gespür, freilich längst keinerlei Halten mehr gegeben
zu haben. Eben nach dorthin ins niemals bereute Kaffeehaus der
Provinz mit-samt werthaltig Bahn-Anschluss in Fußnähe. Schon
um sich dann beim „Pelstler" eben die üppig an verlockender
Sahne-Torte mit des Suppenlöffels dringender Befindlichkeit
dabei. Dann eben deftig ungestüm wie nach des uralten
Brauchtums seither wie gewohnt vorzeigbarer Nebensäch-lichkeit.
Gleich noch im Nachsatz beherzt hinterher gerufen – eben mit
dabei am Tisch als unerlässlich Zubehör freilich nach geordert zu
haben. Worauf ihm dann die gelegentlich auch beschwingt wie
belustigt gestimmten Zuschauer in der Stadt unweit der Amper-
Brücke, ringsum freilich im Szenenbild mit dem Löffel um die
dabei eingebrockt schwimmenden Torten-stücke. Eben allzu gerne
doch erheitert gestimmt davon – alsdann das süße Spektakel mit
Genuss einmal mehr noch mit verfolgt haben wollten. Indessen
höchst amüsant – eher doch filmreif schon inszeniert bei der
Sache, man sich dessen munter Schauspiel absolut sicher gewesen
sein konnte. Schon als er die Lokalität beflissen und famos
ermutigt betreten besehen hatte im Vakuum. Wie eben seinerseits
infiltriert vermessen, nach Sitte und Brauchtum vom Tisch des
Groß-Bauern im urig rustikal Dachauer-Hinterland herkömmlich
von da draußen. Doch seit Generationen aufgeräumt in Ehren
auch „nach dahoam" geläufig anmutend – alsdann aber inmitten
nach Dachauer Kaffeehaus-Kultur und Gelüsten mit dabei

gewesen zu sein. Alsdann am Sonntag nach des gelungenen Bratens von der Herren-Bäuerin. Um beinahe doch theatralisch gestimmt und stets an diesem prägnantem Sonntag-Nachmittag dann der Kaffeehaus-Kultur und Atmosphäre lauschend – stets gut und erwartungsvoll mit Haltung und Muse für Brauchtum und mehr. Genuss-fähig auch in Vollendung mit dabei gewesen zu sein am Geschehen in der berufenen Kreis-Stadt nahe von St.Jakob. Dorthin eben, wo man zur Kulisse nach kleinstädtisch als auch zum Altstadt-Adel vermeintlich geeint, provinziell auch insoweit ein wenig noch mit dazu beigetragen haben wollte. Dorthin eben im urig nach Feiertags-Modus und zeitlos gewandetem Erscheinungsbild präsent wie aufgehoben gewesen zu sein. Was meist nicht ohne so manch Spritzer noch von der gemeinsamen Suppe der Heils-bringenden Groß-Bäuerin daheim in der guten Stube bildlich noch hergerührt schien. Dafür hingegen aber besorgt wie unentgeltlich auch ordentlich frisch gebügelt und aufgedämpft am Körper wie seit jeher – in Händen der Magd oder der Bäuerin eben traditionell dann „auf der Roas" man auf Schienen in der Holzklasse befindlich ans Ziel unterwegs gewesen war.

Als auch freilich leidenschaftlich zum Besten gegeben bei durchaus auch sehenswert zudem gelungener Vorführung – schien man ländlich alsdann dort am brüderlich inszeniertem Übergang vom rustikalem Landstrich hin dann zur blumig wonnigen Noblesse der über des Tellerrands hinaus blickender Stadt-Menschen. Gerne manifestierend auch angestoßen gewesen – was da gleich nach Ankunft schon spürbar zurück gekommen war alsdann mit dem beschaulich ratterndem Dachauer Hinterland-

Express. Wohl des gewogen Anscheins nach – beinahe doch brüderlich geeint im Sog nach ehern rustikaler Holzklasse wie ohnehin gewohnt schon auf der Kurzstrecke über-Land gediegen unterwegs gewesen zu sein.

Indessen auch mit markig dicken Rauchschwaden noch geziert gewesen übers rustikal fruchtbar weite Wies'n- und Ackerland wie Altdeutsch-ökologischer Historie nach zuhauf auch versehen danach. Als auch kaum überschaubar im Auge der ländlich farbig angestoßenen Faszination geblendet. Man eben wie herkömmlich gerne gewohnt doch schließlich durchaus auch fotogen nicht minder honorig, Klein-Stadtluft dafür aufgeboten auch beherzt gerne zurück bekam. Während für Desjenigen an Personen-Kult mit eben mehr nach rustikal hin gefärbten Ansprüchen allenthalben im Wirtshaus speisend zumute angesprochen – sollte man dann besser doch unterhalb am Karlsberg „im Stadtkeller" oder „beim Rappl" zünftig Bier-dimpfelig selig unsanft angestoßen verweilt haben. Wofür man doch besser stets freitags gut und gerne auch noch aufgehoben gewesen sein sollte dort bis hin zur unvermeidlichen Polizeistunde dann. Im Verständnis freilich dorthin ohne Kuchen allerdings am Tisch – dafür hingegen deftig bei Braten-Sulz, Handwurst und zünftig Bier süffig vom Fass noch gut und gerne in der Tisch-Runde dabei. Man ohnehin frenetisch allzu gerne doch mit dazu gehört haben wollte seit allen Dachauer Wirtshaus-Memoiren dann im alltäglichem Geschehen in der Stadt – vorher am Markt-Dachau. Gut gestimmt zur Einkehr bei zuhauf an zünftig Ratsch & Tratsch im Erhalt nach Bayerisch Kultur auch – nach gediegen Speis & Trank zumeist gerne Genussreich ausholend.

Eben dorthin zurück gekehrt beim etwas weniger vorzeigbar verlautbarten „Rappl" – was bekanntlich gerne als Treff doch aufgesucht war im Sinne nach Heimsuchung schon auch von der Wanderburschen-Zunft her auf der damaligen Walz-Tradition in oftmals ausgetretenen Schuhen. Wie allenthalben eben zu früheren Zeiten überliefert gewesen noch bis hin zur Waterkant rauf und runter. Des öfteren auf Schienen im Sog nach kleinen Welten. Als auch in Schuhwerk nach Maß ähnlich unterwegs auf Schusters Rappen mit Überzeit dann beim „Rappl in Erwartung zur gewogen Einkehr mit Überlänge lautstark im Chor nach Lampenfieber empfangen gewesen. Bevor man dann dorthin über die Amper-Brücke hinweg, gediegen dort im „Drei-Rosen" mitsamt Festsaal und Biergarten zur gemütlichen Einkehr gut und gerne angestoßen. Wohl auch noch heute blumig launig erwartungsvoll möge stets angekommen sein. Dort eben an der bei jung und alt dann beliebten Eisdiele im Emblem <Venezia>, zuvorderst an jungen Leuten und deren Aufwartung insgeheim langsam und gewogen dabei unbefangen vorbei-ziehend. Als auch mit manch Eisbecher in Händen aus echt italienisch wie langjährig schon eingewandert integriert, alsdann angepasst erwogen nach eigenen Entwürfen und absolut professioneller Zubereitung. Erhellend für ein verwöhntes Dachauer Publikum im Design auf der Tages-Karte. Wie durchaus seither schon mit Ansprüchen fortan bestätigt aus der nahen Großstadt bei wenigen Auto-Minuten nur auch mitnichten über den langen Tag hinweg wäre zu überhören wie zu übersehen.

Bevor man dann längs der Münchner-Straße Stadtauswärts an Bank-Filialen freilich der Reihe nach anstoßend – heimisch oder landesweit international auch namentlich bekannt vorbei gekommen sein wird. Um schließlich dann auch an sogenannt Öffentlich-Rechtlicher Geldadresse im Emblem einer der vielen Sparkassen-Zweigstellen – man unbedacht ohnehin auch angeschlagen hat. Dort eben im Dachauer-Gäu, wo der Amts-Missbrauch des "Öffentlich-Rechtlichen" Anspruchs doch seit des berüchtigt erwähnten Baumarkt-Skandals in vollen Blüten bedenklich und gut Mio.-schwer auch ungeniert ausgetrieben haben konnte.

Indes nicht minder auch mit vollen selbst-bestimmt wie selbst-verwirklichend Geld-werten Händen nach Kräften auch zugange. Als wäre man mit etwas an Phantasie im vormaligem Alt-Dachauer Kraftsport-Club namens des Alt-griechisch <Attila> noch aktiv integriert gewesen – dorthin eben, wo doch des Franz-Xaver Wilds erbauliche Spielwiese im Gewichtheben zünftig stabil verortet war. Bevor er gelegentlich „in die Stadt" noch hin musste – schon um diesen allzu gewichtigen Beton-Koloss des sogenannten <Steirer-Steins> Tonnage. Folglich seinerseits vor applaudierend Münchner Löwenbräu-Publikum – abrupt wie Zentner-schwer dann kurzerhand und insbesondere schnell doch bis zum Anschlag professionell mit Leidenschaft auch stets zu hieven gewusst hatte. Nicht selten auch mit seiner Frau unerschrocken daneben in Front zum Publikum hin – meist sonntags als Haus-Bedienung beim „Augsburger" weit-um bekannt gewesen zu stets treuen Diensten.

Während zur Sparkassen-Saga im aller-schönstem Dachau zurück – man diesseits gehaltene Gewerbe-Immobilien infolge abgrundtief als auch allzu riskant eigenmächtiger Ausreichungen folglich nach um des politisch ins Rennen geschickt OBI-Dachaus bei allzu üppig an Kassenzonen. Man Zeitnah in höchstem Maße allenthalben doch zu entwerten gewusst hatte dann beider-Orts zurück im eigenem Immo-Bestand in Reihe. Am Sparkassen-Platz nach Hereinnahme weitaus mehr denn über hundert-fünfzig mal im Zeitwert variabel gelistet zu Buche. Worauf dem diesseitigem Anspruch nach Beleihung, die operativ sehenswerte Gegenfinanzierung daraufhin dann bei weitem längst schon kaltblütig entzogen war im Transfer still-schweigend direkt hin nach München ans Haute-Vollaute Viertel. Dorthin wo man seither sich darin souverän doch spitzfindig auch zu üben weiß, freilich allem an klärender Publikation lediglich schweigend wie präpositional noch zu begegnen vor zerschnittenen Tüchern um diese kläglich anmutende „Richtschnur nach des „Öffentlich-Rechtlichem Status" ausübender Befindlichkeiten wie Partei-politisch überdies nach Kräften beflügelt.

So sollte an dieser Stelle nicht zuletzt ein Juwel mehr noch im Dachauer Nachtgeschäft von anno dazumal hinreichend mehr an Erwähnung finden – das legendäre Nacht-Adressat des „Flori" wie vor am Freisinger-Berg. Namens des einzig befeuert in Beschlag genommenem Thekenrand im Widerschein der beinahe doch echt nach empfundenen Seemanns-Kneipe. Entstanden nach international befolgter Innen-Architektur von dort draußen vom „Kai" irgendwo in fremden Ländern – persönlich zurück ins heimatliche Dachau hin-geholt. Dort in diesen weiten Welten dieser rau und stürmischen Seemanns-Aura – von wo der Dachauer Abenteurer namens des „Florian-Kramer" sich all´ diese wundersamen Ideen ergo Stückweise freilich retrospektiv auch zusammen getragen haben wollte von dort draußen auf hoher See zurück.

Um sich und seinen illustren München-Dachauer Gästen – vertreten durch die stets „blond gefärbte Emmy" willfährig gesprächig hinter der Theke, eines Tages endgültig von der Seefahrt heimwärts wieder zurück gekehrt. Ein niemals mehr wieder kehrendes wie in etwa gleichnamiges Juwel im Hinterhof beim „Kern Hias" für Ski & Sport". Seither urwüchsig anerkannt, nach dorthin verortet im sonor unerreichtem Dekor von irgendwo um Meeres Welten am Kai – sich alsdann mit purer Leidenschaft althergebracht auch gewidmet zu haben.

Geführt gewesen als Lokalität mit dem rüstigem Opa an der abendlichen Kasse übers Wochenende – wenn die Münchner Spitzen-Bands namens der „Hound-Dogs", der „mile-stones", der „Cajgy-strings" als auch „Sammy & the Comets" vokal & instrumental. Das Publikum souverän in rauchig Stimmung hielten. Meist als vier bis fünf-Mann starke Rock- & Beat-Bands, denen es leicht gefallen war, den Sound der 60er-Jahre von der „Golden-Gate Bridge" als auch von UK um London-Town und Wales von der Insel nahe des <Big Ben> hin-geholt. Alsdann absolut authentisch gekonnt wie souverän nach gespielt zu haben. Während-dem, ob Raucher oder eben besser nicht – die dabei getragene Kleidung samt Unterwäsche Nächte auf dem Balkon freilich dann zu verbringen hatten für den erneuten Einsatz daraufhin dann im Kampf gegen Nikotin und Rauch-schwaden mehr davon noch beim heimatlich unerreichten „Flori". Einer Kneipe, der man in Münchens Szene-Viertel nichts weiter denn das alles überbordende <In-lokal> spontan würde hin geschrieben haben wollen. Dort wo man auch „Girgl Christman" – den Vorsitzenden der Jungen-Union und späteren OBI-Guru zu sehen bekam – ohne jemals Eintritt gezahlt zu haben. Um ihn nach Jahren wählbar auf CSU-Plakaten vernommen zu haben als designiert angekündigt Ideen-reicher Super-Landrat handfest alsbald schon in OBIs vermeintlichem Mittelstandsfieber erlegen. Während das Pendant zur Emmy vom „Flori" samt ihres Niederländischen Begleiters „van der Pol" – drüben am Heidenberger-Haus eben „Josepha Peters mit ihres Adi" am Steuer eines Großen von OPEL auch, Ansonsten im Nachtgeschäft in der <Roxy-Bar> zur nächtlichen Unterhaltung einer Anlaufstelle mehr noch gewesen waren.

Mußte man Jahre hinterher die Bürgerinnen und Bürger erneut zur Wahl gerufen haben infolge der Wiederholung um des CSU-Wahlbetrugs um Christmanns vage nachgerücktes Front-Personal. Während man sich nach Jahren unter Münchens Journalisten sicher gewesen schien um des „3.Mannes" im Boot der Wahl-Fälscherriege. Sollte dessen Identität trotz allerbest ausgewählter V-Leute im Campus in Fürstenfeldbruck drüben, dennoch mitnichten nachzuweisen gewesen sein. Aus insoweit allerdings bekannt Dachauer Reihen dort im Sparkassen-Saal oben. Mit des Ersatzschlüssels vom Dachauer Rathaus in der Hinterhand, soviel der Halbwahrheit nach aus der Unter-Welt folglich ausgeforscht fürs weiter-erzählen.

Während andererseits über Verfehlungen einst in den 50/60er-Jahren Dachaus noch zu lesen war – deren Auswüchse unseren damaligen US Entertainment-Star namens eines <Frank Sinatra> im Unverständnis schon der rot-lackierten Stadt-Linienbusse wegen. Folglich anlässlich seines Kurz-Besuchs in unserer Stadt. Allenthalben zu Gast gewesen sicherlich im edlen Münchner Limousinen-Service auch vorgefahren gekommen, man ihn ein allererstes mal schon damit unwillkürlich in Rage gebracht zu haben schien. Indessen seiner Ansicht nach vor dieser Bürde eines Gedenkstätten-Mahnmals, doch dieser Farbton Abgrundtief würde verfehlt gewesen sein – wollte er da der Presse gegenüber noch kraftvoll in seiner so besonderen Tonart los geworden sein. Damals eben noch kurz vor der Rückfahrt ins Münchner Nobel-Hotel daraufhin zurück. Bevor man das an Unikat tags-darauf dann fett überschrieben, freilich schon heimatlich gefärbt wie redaktionell spitzfindig eben aufgemacht dann auch hin gelegt bekam.

Mag man das anderen-Orts in der Stadt von weit hergeholt wie auch immer – eher schmunzelnd nur aufgenommen haben. Eben dort oben an der Krankenhaus-Straße im gewogen wie solvent erhaben geführtem <Hause-Dr.Haaser>. Dort wo man 6-köpfig familiär angesehen zugange war mit besorgt agierend an Haus-Personals simpel kleiner Welten der Ordnung und nur guter Küche. Und nicht minder an Flair und hochwertig wie zeitlosem Interieur mit Geweih – vom Jagdfieber eminent hergeleiteter Befindlichkeit neben diversen wie edlen Kunst-werken aus des Dachauer Kunstmalers <Richard Huber> bewährten Händen. Wird das nicht minder im Langzeit-Gedächtnis wohl seither erhalten geblieben sein auch an der Stirnseite um des langen Esstisch Kante – eben des Hausherrn nobler Gewohnheit um Platz und Rang im Hause mit Aufblick.

Während-dem etwas darüber in Kopfhöhe das Ritual infolge einer Stammtisch-Wette still grüßend verweilend herab grüßend zu erhalten geblieben schien. Um eben bei viel an Muse und nicht minder auch an Dachauer Originalitätssinn – man fortan möge daran erinnert geblieben sein. Was freilich mit Pinsel des Künstlers edel Werk in bunten Farben nicht minder reflektierend dauerhaft auch zur Gegenwart. Ihn getreu blumig hergeleitet dazu erhaltenswert bewogen hatte. Ist indessen des illustren Hausherrn und Kunst-Mäzen gewogen – seines Zeichens nicht geringer denn des Münchner Wirtschaftsanwalts mit Dachauer Namen und Ehrenring der Großen Kreisstadt eng verwurzelt als Fraktions-Chef auch im Stadtrats-Gremium der 50-/60er-Jahre. Wie durchaus mutig und zünftig als auch der eingelösten Jahrhundert-Wette wohl vollauf analog geschuldet – ergänzt mit zuhauf an urig Brauchtum & Krempel am Speicherboden. Wie etwas erhöht kunstvoll inszeniert an der Wand gut und gerne auch seit vielen Jahren erheiternd wider gegeben. Wohl schon im Interesse der stets gepflegten Gastfreundschaft allzu gerne geschuldet. Bedarf es nicht minder einer bahnbrechend weiteren Erwähnung mehr noch in persona des akademisch wohl verlautbarten Haus-Herrn Muse – ein Mandat eben der Sonderklasse an der Wand gänzlich für sich sprechend. Dessen Ruf nach ihm kein weiteres mal im Leben würde hörbar gewesen sein. Als man eben in den 50er/60er-Jahren damals die Trasse für die Pipe-Line zum Transfer von Mineral-Oel der Marke <BP> – direkt von der Stadt-

Triest in Italien unten hin nach Ingolstadt/Oberbayern wohl seitlich im Zuge der Fern-Straßen verlaufend. Als Jahrtausend-Projekt konzipiert im Plan. Soll es indessen gediegen gegolten haben kraft des findigen Voll-Juristen, all-dessen an Rechtsauffassung international, als auch anatomisch fein-gegliedert und Staatstragender Lesart nach im Doppel national Grenzüberschreitender Interessen. Wohl geschliffen geeint zur Vorlage notariell, unisono jeweils nach Anrecht auf persönlich Eigentum individuell im jeweiligem Lande. Gewogen Staatstragend nach Proporz auch zur Nutzung der Trasse eben nach beflissen Deutsch/Italienischer Lesart und Verbindlichkeit präzise der Auslegung nach wie nachvollziehbar festgeschrieben. Hoheitlich beantragt zu unterbreiten. Dort in Reih & Glied stehend vor einer zig-Meterlangen Schrankwand an lfdm Akten-Ordnern in der Kanzlei des Alt-Dachauer Voll-Juristen. Analog per Adresse an der Galerie-Straße nächst des Englischen Gartens in Münchens Top-Lage unweit der Staats-Kanzlei, nobel im 1.Stockwerk verortet gewesen.

Indessen an die Privatsphäre im Dasein des Dr.Haasers Dachauer-Zeiten nochmals zurück – eben an die durch die Altstadt seinerseits „getriebene Sau", freilich in Gestalt als beinahe redlich Auftragsbild in Befindlichkeit des einzig schaffend Kunstmalers <Richard Huber> gelungen Kunst-Werk und Motiv. Dessen Widerschein gebührend an Schaffenskraft im gelungenen Thema inspiriert auch blumig durchwegs wider zugeben vermag. Während dessen Gelingen mitnichten im Abbild „der Redens-artig getriebenen Sau durchs Dorf", sich als urban gelungenes

Auftragswerk inszeniert wie berührend würde nicht nur sich reflektierend zurück gegeben sein wollen im Spagat des Betrachters.

Sondern des hochgewachsenen München-Dachauer Fach-Anwalts Aura bei durchaus geselliger Unverfrorenheit als Besonderheit zum Abi-Streich ähnlich nachahmend sollte in Erinnerung verweilend beabsichtigt zurück geblieben sein. Als auch wie beschaulich entdeckt nicht minder dabei famos wider-gegeben. Wonach einer ausgewachsenen Sau eben vom unteren Dachau ausgehend dann über den Freisinger-Berg hinauf mit einem bieder rustikalen Treibstock in Händen. Wohl durchaus gelegentlich wie leicht angeschoben auch folgsam längs laufend auf holprigem Straßenpflaster. Unisono wie bei absolut freiem Geleit bis hin dann im Ziel zum Hinterhof des Zieglerbräus an diesem besagtem Freitag-Abend – beschaulich gut und gerne für Bild und blumig an Kulisse direkt hin zur Schützenscheibe im Dialog auch einer gegangen war. Allenthalben an erbaulich Erwartungshaltung auch bei gut gezapft süffig Bier von der Schlossberg-Brauerei eben damit malerisch in illustrer Runde kredenzt. Dessen Ausschank sicherlich schon mal gerne nach Anlass auch berufen frei gegeben war.

Indes mitnichten doch ohne Begleit-Schutz seiner gewogen Schützen-Gilde an einträchtig Solidarität im Gleichklang der eitel und jung erhaltenen Schützenbrüder-Gilde, würde das erdenklich gewesen sein über die bergige Freisinger-Straße hinweg originell und malerisch historisch aufbereitend gewählt gewesen dafür. Alsauch würde ferner doch dem Anhang zur Präambel eines absolut farbecht wie Film-reif auch erdenklich entstanden echt „Alt-Dachauerischen Spektakels" in farbecht an Lesart konstatiert verlautend. Freilich durchaus amüsant wohl daraus zu entnehmen gewesen sein. Als auch launig gewogen blumig nacherzählt – wie man das freilich noch aus den späten 50er-Jahren zurück – begonnen damals noch als Stammtisch-wette sicherlich im Abbild und gewogen Anlehnung nach des urig Jagdherrn-Streichs bildhafter Methodik einher-gehend. Man eben durchaus gerne doch in manch gesellig wie Bier-dimpfelig erwiesener Memoiren schon mal von Hand-geschrieben auch im Almanach, dessen nicht minder fiebrig voller Neugier vorgefunden haben vermochte.

Allenthalben bis hin zur neuerlichen EUR- & Jetzt-Zeit befeuert angestoßen zurück geholt. Als auch im Gemenge oben revitalisiert und erheiternd auf Dachaus manch veritablen Speicherböden bei angestaubt an Befindlichkeit verweilend – des Lehmbodens Naturell eben in der Altstadt nicht geringer fündig erwogen. Dort oben in Sorge eben für betulich nach Halt und Armierung einer respektablen Höhenlage bewahrt verortet hinauf ans feudal erbaute Dachauer Rennaisance-Schloss still grüßend. Als angestoßen gewesen auch über den Ausläufern einer Münchner Schotterebene dann im unteren Dachau als Sündteuer Bau-Grund und streng gewachsenem Lehm-Boden seither nach oben mit Blick auf das Ruhm-reiche Schloss-Dachau zu. Als auch zur Verfügung greifbar im Ansichtskarten-Format, cremig notiert und eingepflegt auch gut und gerne immer mal erbaulich erhalten geblieben analog zu Dachaus edel Geschichtsbuch.

Dessen wissentlich namentliche Überlieferung <Dachau> – bekanntlich analytisch zurückzugehen hat als im Kennwort des hochwertig nach des biologisch <Tach – wie Lehm> und schließlich der <Aue> folglich als Zweitsilbe klärend. Als deren Naturell in geschmeidig an betulich gewachsener <Auen-Landschaft> gebunden längs des fotogen in grün verträumt Fischreichen Amper-Laufs. Als auch seither man doch den schönsten aller Wege meist absolut Natur-belassen und malerisch freilich seither auch gediegen zu nehmen weiß. Gegebenenfalls als auch mit Damm-Uferbefestigung und Seitenlauf – eingewachsen armiert zur Seite, als auch unter Behördlicher Beaufsichtigung der besorgten „Flußmeister-Stelle" in Abständen fortan betulich auch gekennzeichnet im Kontext zum Wasserwirtschafts-Amt in Freising.

Kann von einem begehrten Landstrich seither doch die Rede nur gewesen sein – befeuert nach Bilderbuch angelegt um malerisch erwogen an Ziegelei-Brand, Wirtshaus als auch mehrfach mit honoriger Brauerei-Kultur im Hinterland blumig besetzt noch. Wie allenthalben doch in westlicher Richtung mit Sudkessel-Anlagen wie in Odelzhausen, Vierkirchen im Norden bis hinüber dann nach Mariabrunn und Haimhausen im Osten. An deren Schlossanlage verortet mitsamt deren aufstrebend wie international geführtem Champus der <Europ.-School> am Ort seit Jahren schon integriert ansässig mit Profil-Prestige und mehr. Hielt während-dessen im Land-Gut in Matiabrunns Bierkeller vor vielen Jahren schon, eine Besonderheit mehr noch landesweit über die viel besagte Heilquelle hinaus so manch Nacherzählung atemlos am Laufen im Lande der Dichter und Philosophen. Was nicht minder thematisiert war für die vereint oftmals über-wiegend weiblichen Fans & Gesundheits-Apostel bei gut und schön für Rede & Antwort einstehend. Indessen keine Geringere sich auf diesen Fluren um die nobel Naturheilkunde und Heil-Pädagogik einen Namen insbesondere dabei erbaulich zu machen wusste als gewogen Juwel der Natur.

Indessen die besonnen autark wahre und einzig eminente „Königs-Macherin" im Sinne von psychisch-physisch nur erwogenen Alternativ-Fürsorge und mehr nach welch professoraler Methodik auch immer zugange gewesen. Dorthin eben auf Seitenwegen fortan – denn die namentlich einzigartig leibhaftig wahre und heldenhaft weit übers Land hinweg unbestritten freilich auch zu höchst begünstigt verehrte Halb-Göttin namens um <Frau Amalie Hohenester> selig. Deren persönlicher Eintrag in diesen professionell gelistet fundierten Annalen im Kontext nach erhaben Fauna, Heilung & Natur, wohl beizeiten zwingend Teil dessen auch gewesen war. Dorthin eben im Themenkomplex der nach Kräuter- und Wasser-Theorien folglich Autodidakt mit zuhauf noch an eigener Willens-, Glaubens- und nicht zuletzt wohl an Einbildungskraft versehenen Einlassungen nach Placebo vielleicht auch schon Heils-bringend und vollzeitlich absolut zugange gewesen.

So schien man allenthalben wohl keinerlei Entfernung jemals gescheut zu haben, um sich ihre viel-versprechenden Dienste nach Fürsorge in Heils-bringender Hand wohl verborgen gesichert zu haben. Indes freilich daraufhin sicherlich aller-best vergütet und honoriert mit wohl-gewollt befeuerter Empfehlung überschwänglich verlautbart – ohne Beispiel wohl auch vorsorglich wie unbedenklich zugange. Man allzu gerne doch wie rituell virtuell erdenklich vielleicht einverleibt erwogen dessen kraft etwas an Placebo nach Maßen zu geschehen erwartungsgemäß abgelaufen sein sollte. Bevor man irgendwann allerdings von der Dreistigkeit im Gewerbe der erdenklich geschmäht wie einzig im Volksmund nur verlautbarten „Kurpfuscherin" – über verdammt böse Zungen auch mancherOrts schon mal zynisch unterlegt. Man nicht einmal nur zu hören bekam im ohnehin böse angeschlagenem Glauben an das Gute nur in ihren Genen der höheren Empathie und Gefühls-Welten erdenklich. Als analog auch dem der Hilfsbereitschaft ohne Reue zu ihren inneren Werten durchaus erdenklich angemessen gewesen auch.

Was freilich Flügel-verleihend passiert gewesen war noch zu Zeiten vormals – allzu weit entfernt womöglich noch im Duktus nach des sprachlich vorneweg eingepflegt ermächtigt bravourös bekräftigten <Placebo-Effekts> Tugendsamkeit erlegen. Als durchaus auch unaufhaltsam dorthin verwoben im eingewachsen nicht minder gewohnt rustikal fruchtbar erwogenem DachauerLandstrich. Eben der Frage im Nachsatz nach Wirksamkeit der Anwendungen aus den Tiefen und Quellen dort im nördlichem Hinterland Dachaus – ehrlich gewonnen wie natürlicher Weise ehrbar entnommen als auch gewollt erforscht gewesen nach dem Nachschlagewerk für honorig angewandt kurzatmige Wunderheilung.

Und mehr noch für die Heils-bringend gesunde Verfassung im Gebot nach des Seelenfriedens und körperlich erbaulich auch zurück gewonnener Frische-Bedürftigkeit und psychosomatisch wohlauf gestärkter Kondition um die Quellen nach Aura und körperlich-organisch Aktiva ?!

War hundert Jahre hinterher zur Waterkant hin ein neuerlich weiblicher Stern über-Nacht dann über den Wolken von Flensburg mächtig mit aller-neuester Errungenschaft erdenklich um ein Recht auf Liebe und Neu-Deutsch erfrischend gelebter Zweisamkeit illustriert katalogisiert auch erschienen. Indessen die völlig von Angst und Nöten unbefangen seither befreite Botschafterin noch vom Tower der Kriegswirren mit Flugschein fürs Cockpit der eiligen Jagdflieger befeuert inspiriert gewesen. Einzig namens einer wahren Power-Frau über den Wolken um <Beate Uhses> geschäftlich honorige Ideen-Welten erbaulich Himmelwärts hinweg kreisend. Deren mentaler Antrieb doch mitnichten würde jemals zurück gehalten haben wollen, der Nation hierzulande eben mitnichten die Liebe nur mal erklärt haben zu wollen. Sondern im Begehren um ihren überbordend angelegten Geschäfts-Sinn ausholend nach des aufbegehrend Versandhandels Furore namens modern offerierend über-schrieben „für Ehe-Hygiene“. Eben diesen Umgang mit des einzig natürlich wahr angelegtem Sexual-Triebs in uns weilend Heils-bringend begünstigt. Sehr wohl unbefangen und ungeniert eben zuvorderst als bedingungslos auch zur Chefsache frohen Mutes berufen erklärt zu haben. Einher-gehend damit auch nicht minder schließlich als für völlig normal und fern jedweder Strafverfolgung Staatstragender Disziplin folglich all´ das auch menschlich nur analog nachvollziehbar, wie glaubhaft auch als Genuss zwischenmenschlich pfleglich auch eingestuft haben zu wollen.

Wessen Gegenständlichkeit indessen fern vom Unzuchts-Fieber & Paragraphen-Wald auch nach Kräften darstellend genommen gewesen bzw. man neuerdings verlautend allmählich als unantastbar auch zu erkennen vermocht hatte dank ihrer honorigen Erscheinung mit Aura, Raum und Haltung. Als auch in Befindlichkeit nach Kräften gegen die Wucht Staatstragender Prinzipien, Bürden und Belange aus weit zurück liegenden Zeiträumen längst verrottet auch ankämpfend vom Abbild nach einer Zwischen-Welt tunlichst genommen auch.

War das eben zu Zeiten einer allenthalben nie zuvor aufgebrachten Volks-Seele im Vakuum der Revolte, des Vetos bei Handels-üblich gebräuchlichen Radien an Embargo-Fieber daran mutig angelehnt. Was alleine kraft deren Sprach-Duktus im Überwachungs-Staat durchwegs schon Berge-versetzend wie beschwerlich losgeschlagen gewesen – man doch schon das Adjektiv „geil“ empörend würde als „no go“ unter anderem gestrichen gesehen haben wollen in damaliger Ohnmacht nach Obrigkeits-Ehrfurcht übers Land. Während die Staatsanwälte freilich längst schon Seitenweise gebündelt Material nach Unzuchts-Paragraphen sich penibel schwergewichtig doch zurecht gelegt haben wollten im Ekel-erregendem Show-down um die von zuhauf an Muse bedachte Gefühls-Welt einer hypermodern selbst bestimmt veranlagten Geschäftsfrau schon behelligend zum Trotz. Als auch mit selten angelegt an ziviler Courage mitsamt Avancen nach Mut zur Durchsetzung und Haltung auch gegenüber Staatstragender Disziplin beflissen mental ausgerüstet. Schien während-dessen für die Schar Ihrer feminin einträchtig vereinigten Sympathisantinnen längst doch die Schlagzahl nach sexueller Neugier und Erlebnis-Welt wild um sich schlagend schon unaufhaltsam Einzug gehalten.

Indessen sich die Quint-Essenz um das leidige Aufklärungs-Debakel meist im Schatten familiärer Pflichten gerade-mal wackelig erloschen bei Seite abgelegt – neuerdings sicherlich blumig aufgewertet und befeuert frei von Scham hoch gefahren. Daraufhin an Sohn/Tochter beschieden und Angst-frei auch in der Provinz an analog erdenklich Befindlichkeit im Dachauer-Land auch übertragen sicherlich modifiziert gut und gerne auch nach Pontius Pilatus wohl gezeigt haben wollte.

Während meine aus der Münchner Menterschwaige stammende Dachauer Neu-Bürgerin namens meiner Mutter-Karola damals, ihrer Neugier beizeiten angesichts eines Erst-Kontakts handschriftlich hin nach Flensburg oben. Wohl schon mal Angst-befreit nach geübt Großstadt Umgangsform damit illustriert umgehend. Nicht zuletzt wohl auch spontan per se schon gleich mal nachgekommen sein wollte. Und des Postboten angestoßene Mimik dann zur Entgegennahme des blauen Päckchens mit verfänglichem Inhalt geschuldet. Dann daraufhin meinerseits im Unwissen noch um die gegenwärtig heiße Brisanz des Inhalts, während mütterlicher Abwesenheit in unruhig jugendlichen Händen verweilend. Wohl noch weniger befreit und durchwegs von Anrüchigkeit noch hoch aufgeregt gezeichnet schien in diesen frühen 50er-Jahren damals in Dachaus Mieträumen. Allenthalben besonnen noch unweit der legendären Lektüre-Pflicht nach der <Bravo-Kultur> vom Kiosk oder vom Bahnhof her eher verdächtig angemutet freilich in Händen von Neugier geplagt gehalten.

Als auch im Geäst funkelnd dorthin zugegen – als den Dachauer Mädels schon vom Erziehungs-Standard her jedweder Mut für den hoffentlich alsbald zur Normalität erklärt allzu knappen Bikini im Familienbad der Stadt würde vollends wohl noch gefehlt haben. Alsbald im neuen Zeitalter für wenig Stoff nur und mehr dafür an gebräunter Haut. In Erwartungshaltung eben bis hin dann ans Hoch-Sommerliche Wochenende – als Münchens freizügig durchaus freche Bade-Nixen sich dann des absolut verknappten Bikini-Höschens, der etwas betont getragen gewagten Bikini-Zone noch Neu-deutsch mit Lust und Muse auf anmutend heißen Blick nach Chic, Sex & Charme dreist kess anstoßend. Sich beinahe schon gewohnt und leidenschaftlich männlicher Begehrlichkeit visuell allzu gerne doch Gönnerhaft freizügig deren Blicken gewidmet haben wollten unter der heißen Dachauer Sonne dorthin nahe einer befahrbaren Amper-Brücke. Bei gesteigert an Lust danach umso häufiger dann am Karlsfelder-See sichtbar gewesen dort auf der malerischen Liegewiese im Duft der Sonne cremig räkelnd. Freilich im Vakuum nach Freigeist unweit der Landeshauptstadt und deren Autonomie bei teils verstohlen auch textilfreiem Isar-Feeling schon bis hinauf zur legendären Tierpark-Brücke dort im Brandheißem FKK-Fieber früh bis abends.

Waren das eben 50/60/70er-Zeiten noch gewesen – als mütterlich nach Münchner Sprach-Duktus fortan der Dachauer Mentalität nach des spießbürgerlich gezeichneten Provinzlers angelastet abfällig tagaus tagein meist nur zu hören war. Und das Dachauer Adressat um Beate Uhses Sex-Offensive nach mehr Genuss an Sex und mehr, ihr inzwischen vervielfacht offeriertes Waren-Sortiment wohl noch von zarten Anfängen analog aufsteigend gezeichnet war. Und man hingegen ihrem Lebenswerk vor diesen Schranken nach zuhauf meist an Gerichtlich vergeblich beschuldigt albern Disziplin, längst schon nicht mehr spontan in die Parade gefahren sein konnte oder vergeblich gewollt. Indessen der Leitspruch – „dort wo Beate Uhse drauf-steht, ist eben nichts anderes denn Beate Uhse auch drin!" Würde durchaus noch Furore in die Neu-Zeit allenthalben gemacht haben wollen. Quasi hergeholt im Namen eben einer couragiert wie Erlebnis-erfrischend aufspielenden Vorzeige-Unternehmerin dort oben von der Waterkant freiweg selbst-bestimmend und unbefangen agierend. Deren strotzend rundum gesunde Psyche doch seither schon vor Selbstvertrauen beinahe doch allemal zu platzen gedroht hatte.

Eben nicht weiter denn all´ ihren Zielen und Ansprüchen indessen ihrerseits geradewegs nur mal vorneweg halt so nachgekommen war. Dies ob vorher im Cockpit des hoch-motorisierten Jagdfliegers der Deutschen Luftwaffe auf Kurs oder als hyperaktive Regentin in ihrem von immens an Wachstum gezeichneten Versandhaus hinterher Geschäftstüchtig Gönnerhaft auch zugange gewesen. Dessen unaufhaltsam geschäftliche Erfolgs-Note ihr das an Feedback zurück gegeben haben sollten, womit ihr unbenommen doch die Nummer-1 schon von Anfang an mitnichten noch würde freilich jemals nur zu nehmen gewesen wäre.

Während-dem sie nach Kräften freilich doch so manch Gesetzeshüter ohnehin nur klein aussehen ließ als hartnäckige Verfechterin ihrer feminin guten „Sache" mit gut beleumdet an Aura als auch Charakterstärke. Indessen Zweifellos wohl schon zu Zeiten Deutscher Biederkeit noch gelebt und selbst-bestimmend gut und gerne marginal man auch durchlebt gewesen schien. Noch zu Zeiten, während analog doch im Thema-Sex zu vormaliger Zeit im Lande – allenthalben nicht mehr denn die Fortpflanzung Alltags-tauglich damit doch nur klerikal eingeschüchtert gemeint sein wollte oder sein durfte. Als auch verwunschen angereichert gewesen wie im Schema nach sprichwörtlich „nur unter dem Ladentisch" insgeheim etc. freilich veraltet insgeheim von Doppel-Moral auch schwerlich doch überschattet gewesen. Noch zu Zeiten – denen mein Dachauer Opa beflügelt infiltriert nach gerufen haben wollte, „wer innerhalb des laufenden Jahres Rechnungen schreibt. Zeigt sich doch einhergehend – als Geschäftsmann nur ohne Geld am Konto!"

Soll zurück im Thema nach Alt-Dachau unisono ausholend – mit reichlich an beiderseits erhaben doch an Volkes Charisma im Abbild – eines selig nach Dr.Haasers Persönlichkeit wie erwähnt verortet, nicht fehlen. Analog im Widerschein des womöglich nach des Ansehens Maßstäben ebenbürtig danach gewogenen Schwager-Herzens namentlich eines einzig gerne Alt-bürgerlich im Gedächtnis erwogenen Genossen namens des <Sepp

Lerchenbergers> Vita zurück. Politisch engagiert im Zeichen des angesehenen Dachauer Geschäftsmanns für fesche Damenmoden und Textilien reflektierend und Wort-gewichtend Zeitlebens gewesen. Indessen es zusammen-fassend nicht minder auch gediegen noch festzuhalten galt mitsamt des CSU-Mandats im Stadtrat als auch im Kreistags-Gremium im Status des einzig Kreis-Vorsitzenden Status.

Sollte doch nicht zuletzt auch seiner beherzt als grund-ehrliches Bekenntnis ausgerufenen Metapher in Ehren – danach hoch gehalten verblieben sein im Slogan überbordend – „Kauft am Platze!" Was gut und gerne auch Stadt- und Land-bekannt blumig authentisch beschworen gewesen war seinerseits als Freund strammer Marsch-Musik nebenher. So schien dessen Qualität auch an Schlagwort gerade-zu im Exempel, unisono zudem als Chef der Kreis-CSU weithin stets auch treu erwogen hörbar wie gelebt auch begleitend mit ihm gewesen. Während-dessen sein allzu tragisch auch früher Heimgang ihm doch das Grauen um seines Frischgeld-Getriebenen Ziehsohns-Girgl Christmann daraufhin schon unverfroren ausgeübt. Im eiskalten Verrat am Dachauer-Mittelstand, zumindest erspart geblieben sein wollte um des OBI-erste Dachauer Fußspuren damals im Selbstverlag der Staats-Partei vor-Ort.

Schien ähnlich katapultiert nicht minder im Terminus als erwähnt wuchtig durchtriebener OBI-Landrat, dann hinterher im Amt der Dachauer Super Landkreis-Behörde. Mit Sparkasslern durchleitend mit dabei, des beider-Orts nach Doppel-Job unbenommen und eiskalt im Dachauer-Gäu kraftvoll über Jahre ausübend voll-zogen gewesen. Indessen doch Christmanns Wesensart als verrohend agierender Fremdkörper im System nach <Freier Marktwirtschaft> fern von Aufschrei, Freilich auf Seiten Lerchenbergers würde anderweitig gepolt daher gekommen sein dann als Kontrast-Programm im Portfolio ein und derselben Partei-Metapher.

Freilich dort oben im Vakuum des angesehenen Textil-Hauses Lerchenberger nächst der Martin-Huber-Treppe mit Blick zur Landeshauptstadt erweitert. Dort in der Chef-Etage im Wissen bestärkt kraft dessen neuerlichen Kenntnisstands über all´ das mehr denn je zuvor greifbare Partei-Design, was es an echt Münchner FJS-Merchandising eben noch vorzufinden gab an Wand und Tisch für daheim.

Möge mit Riesen-Schritten an dieser Stelle doch auch an eins der vormals fünf aktiven Dachauer, Pellheimer, Udldinger (2) als auch der Bteitenauer Ellwanger´schen-Ziegelwerke traditionell hierbei noch zwingend behelligt erinnert sein – das insbesondere namens des selig Otto Reischl vormals im erhaben mit geführtem „Zweigbetrieb Pellheim am Kai“ verortet. Das über Generationen geführt breitbeinig aufgestellte Ziegel-Werk mit Tradition im Dachauer-Land. Dessen gut und gerne eben geführte Produktions-Linie unterhalten war unter den Fittichen einer namhaften Bau-Unternehmung mit Münchner Namen auch überregional als Begriff seither schon erhoben. Alias nach des seither Branchen-Ersten namentlich nach den Gebrüdern um des <Otto Reischl´s> München-Dachauer Ägide aufblickend am Markt eingeführt und bekannt. Dessen Terminus auch im Vakuum der Bau-Innung mitnichten wäre jemals wegzudenken gewesen. Indessen man qualitativ auch als Zweigbetrieb firmierend und produzierend „als Ziegler", ideell erwähnt wie daran am überregionalen Markt gewöhnt und angesehen nach Rang gesehen war. Bevor dann der Udldinger „Ziegler namens des Petcr Hartmann", das Pellheimer-Werk als neuer Besitzer zur betrieblichen Verschmelzung wohl überlegt fusionierend übernommen hatte in seither absolut führend industrieller Aufstellung. Dies vor-Ort als auch über-regional breitbeinig modernst und absolut wettbewerbsfähig auch seither schon angestoßen.

Worauf man des namentlichen Emblems folglich nach <Hörl-Hartmann> firmierend daraufhin sich deutlich umbenannt in nunmehr 2.Generation, nicht minder auch schon mit Erfolg am Markt für biologisch wertvoll und modern gesundes Bauen bestimmend daraufhin beizeiten schon ausgelegt gesehen hat. Folglich man indessen seither hochmodern inzwischen mit Haus - eigener Stromerzeugung biologisch nach Photo-voltaik verwoben produzierend – unisono als Mitglied auch im Dachauer Industrieverein am Markt sich respektabel besonnen. Man sich als Vorstand seither auch mit Weitsicht zu präsentieren weiß. Und analog wie gewohnt im Wettbewerb aktiv tätig vor-Ort auf rustikal gewohnt schweren Dachauer Lehmböden im Orts-nah reichhaltig bestellten Norden Dachaus. Allenthalben mit bester Zufahrt und Infra-Struktur für die Schwer-LKW's auch besorgt <am Kai> zugegen – dies sowohl für den Innungs-Bauunternehmer als auch den über-regionalen Baustoff-Handel am Lager vor-Ort produktiv seit zig-Jahren unentwegt im Schichtdienst zugange.

Erscheint doch während-dessen auch im Almanach mit Namen – allzu gerne durchaus noch des einen oder anderen Lacher gelegentlich launig auch losgelassen zu werden rund um Dachaus Altstadtberg Prämisse. Wie mehrmals hörbar unisono gewesen in Notiz um die persönliche Verbundenheit auch des vormaligen Senior-Chefs <Reischl> Ägide wie gewohnt – eben des legendären „Tropf" alias namens des einzig Dachauer <Baumeisters Max Reischl sen.> vormals an Dachaus Bau-Front.

Als auch ferner mit eigener Geschäfts-Adresse noch in München an der Landwehr-Straße mit Rang & Namen aktiv auch seither teilnehmend unweit des Sendlinger-Tors. Und seither hierbei eben in der München-Dachauer Region als Branchen-Erster am Hoch- & Tief-Bau insbesondere wie im Seitenblick der München-Dachauer Bau-Innung nebenher mit Vorsitz Landesweit notiert. Mitsamt einer präsidialen Rolle im Champus der Bau-Berufsgenossenschaft in München an der Lori-Straße vormals wechselseitig ausübend.

Schien überliefert auch persönlich gut Kontakt gehalten zum Kupferschmied wie des weit-um bekannten Haus-Technikers Max Blümel – meines Opas eben zurück noch in die frühen 20/30er-Jahre daheim im Dachauer-Gäu. Als auch gut im Geschäft gewesen neben der Münchner Brauerei-Kundschaft, insbesondere 150 mal verortet in der Landeshauptstadt, war man damals durchwegs geschäftlich aktiv „mit eingetragener Gerechtigkeit" zugange gewesen. Wie unisono einst aus Burghausen an der Salzach Grenznah aus Landshuts Herzogtum geschäftlich hoheitlich beauftragt gewesen, wollte man alsdann mit neuer

Zielsetzung übersiedelt gewesen sein in gewerblich selbständiger Ausübung als einzig München/Dachauer Kupfer-schmied in Dachaus Altstadt in halber Höhe dort oben am Wieningerberg. Per Adresse eben direkt hin zum „Wieninger-Hof" passabel durchgehend zur Gottesacker-Straße hin verortet.

Und allenthalben zur Episode des Max Reischl nach des Zieglers Ägide zurück – als man sich gemeinsam aufgemacht hatte ins damals geradewegs aufgestockt neuerlich errichtete 2.Stockwerk. Eben dort am Blümel'schen Stammhaus an der Pfarrstraße oben. Und die Podest-Treppe hinauf man analog daraufhin neuerlich genommen haben wollte mit nunmehr errungener Fernsicht bis weithin ins nördlich gelegen Dachauer-Land. Und von nun an in erbaulich hügeliger Weitsicht erhellend mit Worten Flügel-verleihend auch futuristisch auf des Max-Reischls Seite überliefert erhalten zurück. Man als folglich nicht minder blumig spontan auch ergriffen angemerkt sein mußte – geradewegs eben dorthin in Richtung nach des Pellheimer Kirchturms hinaus, km-weit unisono direkt nach Norden hinreichend und weitaus erhellend gestikulierend wie gestanden ausholend erdenklicher Muse verlautbart. Schien es analog wohl eines nach Erfolg schielend Max Reischl's gewohntem Bedürfnis und Befindlichkeit bei weit ausgestrecktem Arm mitsamt des Zeigefingers bombastisch blumig befeuernd untermalend ringsum hörbar gewesen. Wie nicht minder launig nacherzählt überliefert als auch familiär hörbar sensationell verwoben aus seines Innersten Stimmgewalt und Geschäftstrieb aufgenommen und nachhaltig erhalten auch – „do schaug hin Max, da draußen wia ganz drob'n dort am Kai neben dene Tanna-Bam, do kimmt mei

Ziegel-Stadel boid scho hin!" Was absehbar dann alsbald auch schon zur Wirklichkeit realisiert erklärt gewesen sein sollte – dann eben nach üblich mehreren Arbeits-Schritten noch um Vor-Entwurf, Planung und gefälliger Ausführung gediegen in die Natur eingewachsen integriert und im Ensemble getreu auch übergeben gewesen. Was indessen alsdann nicht geringer denn als ein Jahrhundert-Werk schon inzwischen auch vollzogen gewesen eben bis hin schließlich zur absolut gegenwärtig befindlich hoch-technisiert Neuerlichen Zeitrechnung einer echt <Bayerisch München-Dachauer Ziegler-Innung> nach zu urteilen. Analog im Archiv würdig und erlesen industriell-digital für alle Zeiten des Bauens auch absolut Wettbewerbsfähig dem Markt erhalten bleiben wird. Schon um sich aller-bestens gerüstet im Hightec-Modus präzise aufgestellt – auch weiterhin überregional gut gestärkt durchsetzend furios zu behaupten zu wissen im meist beinhart über-regional geführtem Wettbewerb mit Namen.

Vor an gewachsen Bevölkerungs-Dichte bodenständig – zurück seit den 50er-Jahren in Präsenz noch als die nett befunden und wohl architektonisch gelungene Kleinstadt mit urwüchsiger Schloss-Silhouette oben am Berg bei knapp 30-tsd. Einwohnern damals. Wissentlich in bleibender Erinnerung eingepflegt als auch Ansichtskarten-nah mitreißend dabei geblieben zu sein vor aller Augen.

Was eben analog noch zu den Zeiten auch nach-erzählend erhalten geblieben ist, als man für „schnell mal nach München" noch rührend provinziell nach Schlagwort ergreifend. Eben nicht minder blumig ereifernd nach „in die Stadt" befeuert los-fahrend eben kurzerhand gerne nebenbei im Volksmund man urwüchsig ausholend zu sagen pflegte. Und der Terminus in Erinnerung an die Besatzer und Befreier der <US-Army> direkt dorthin ans Gate ins US-Camp – noch manch Spurbreite dafür hergegeben hatte schon für all' die 2m-breiten <Buicks & Chevrolets> Karossen in der Altstadt zum shopping. Ausgehend vom Montage-Band aus der Autostadt Detroit/Illinois noch in den nördlich kalten Breite-Graden der USA Ideen-reich damals verortet gewesen.

Damals eben noch dort oben in den Staaten vom Montage-Sound mit Bravour – ob schwarz oder weiß fahrtüchtig abgegangen gewesen. Womit im Gedächtnis allenthalben zurück eine Hommage an die grundsätzlich wie frisch vom Friseur gestylten Offiziersfrauen stets mit vollem Einkaufs-Gepäck auf stets 2-Parkbuchten in der Dachauer Altstadt erbaulich die Rede war. Angehalten bei Konsum im frohlockend 4-fach Tauschmodus noch <DM/US Dollar> bei der Bank im Lande. Was angefacht war insbesondere im Seitenblick ins Dachauer Rathaus empor schreitend damals zur eklatant ausladenden Nachkriegs-Ära im Griff der unlimitierten US-Besatzer. Als auch bekanntlich der Stimmgewalt unterlegen wie seitens des US-Commanders selbst-bestimmend und rollend Stimm-gewaltig heraus gehauen – eben Dachaus alleiniges Sagen nur allzu gerne beansprucht wie innehaltend euphorisch auch eingeschränkt nur gegeben war. Gewogen nach Dachauer Duktus und stets erkennbarer Sprachfärbung am Platz des einzig berufenen <Chairmans> inmitten unseres Rathauses breitbeinig sitzend im Abbild des bewundernswert erhabenen Eroberers zur absoluten Friedens-Sicherung verortet und kostenfrei abgestellt gewesen.

Wie nicht minder blumig verlautbart gehalten auch im unverwechselbar real <good old allover American-slang> und absolut eigener US-Befindlichkeit im Terminus dort droben im Rathaus-Saal an der Tisch-Stirnseite in der Counter-Chefrolle. Freilich hochrangig uniformiert auch grundsätzlich plakativ verweilend. Als auch nahe dran des ihm unterstellt kommissarisch gerade-mal amtlich waltenden I.Bürgermeisters/ Magistrats Amtstitel in beschränkt eben hoheitlich Dachauer Präsenz nur. Nicht minder selbstbewusst reflektierend im Amtszimmer bisweilen auch zugange. Wusste man ums Souverän dort oben in erwartungsvoll Heils-bringender Wartestellung im Großen-Saal vor des Gremiums stiller Neugier – sich eben der täglichen Agenda gediegen unterlegen auch fortan gestellt zu haben. Nachdem man dem Grauen und Schrecken „im Lager" inzwischen das Ende einer seltenen Attacke schon stolz und Siegreich in kurzen Worten verlautbart verheißungsvoll auch hatte kurzerhand schon zu verkünden gewußt. Damals eben man dann seitens des <Majors> Grandezza, Schlagwortartig vermeldet haben konnte nach des Schlachtrufs Effizienz im Wortlaut des lautstark ausgerufenen „Rainbows" gleich zur Ankunft über den Altstadt-Berg auf Panzer-Ketten hinweg rollend. Alsdann bis anschließend hinunter direkt hin ans berüchtigt ausgesprochene Gate nahe der schrecklichen Wachtürme in den Weiten einer Landschaft.

Und abermals zurück zur Geschichtsträchtigen Dachauer US-Attacke kraft Befreiung – man allenthalben doch nur kurz angemeldet eingetroffen gewesen schien nach eines überbordend mutig <D-Days beinharter Atlantik-Landung>, alsdann schon im nächsten Schritt auf Dachau zu. Worauf man eben alsdann schwerst bewaffnet über den Pflaster-Böden am Altstadtberg lautstark mit schwerem Ketten-Gerät lärmend zugange anrollend dorthin inspiriert angekommen war.

Und niemand dort oben sich vor Schreck noch würde vor die Tür getraut haben auch von Jeeps und eigentlich befremdlicher Sprache zu dieser Zeit noch verlautbart auch umgeben gewesen. Indes die Zweitsprache „English" eben noch in den frühen Anfängen sich allzu karg befunden hatte. Schien man mitnichten geringer beschwingt nach Sieg-heil verlautbart mit-samt des Victory-Zeichens erhellender Schlagstärke überzeichnet – absolut Heils-bringend wie nach Kräften weit ausholend auch, schließlich wie kurzerhand geplant und besehen aufräumend zur Sache. Eben bei überbordend viel Emotion auch nach Kräften in Dachau Kräftezehrend einmarschiert gewesen. Noch weit bevor man die neuen Landräte dann schon im Amt gegenständlich als die weiträumig gewogen ersonnenen Behörden-Leiter – wohl Staats-tragend aus München erst-mal nur berufen und bestellt gesehen haben wollte als Nachfahren des Nazi-Frontpersonals im Titel des Gauleiters. Unisono eben alsdann auch im Nachgang um die Erlebnisse nach verwerflich teils unmenschlich eben untragbaren Zuständen vor Ort im Lager. Als auch unvergessen in nicht minder erschreckend unhaltbarer Befindlichkeit dort unten im Schrecken um diese gefürchteten Herren-Menschen alias des gemeinen Gauleiters unlauteren Umerziehungs-/Vernichtungs-Jobs Anmaßung. Deren gut befeuert gestärkter Machtwahn auch im Parteifieber bei Angstvoller Erscheinung noch kurz vorher zu

Diensten in Leder-Stiefeln nach Artfremd totalitärer Partei-Parole greifend. Über all die Nachkriegs-Jahre sxchwelend im Gedächtnis erhalten geblieben war.

Nachdem man möglichst los-schreiend über den Hof los-gepoltert war dorthin alias im schlechten Neu-Deutschen Kriegs-Film nach Deutschen Standards. Indessen man folglich dort zuallererst doch behördlich wie Staats-tragend eilig erst-mal einbestellt war dann zum Kriegsende als „der Neue dann im Amt". Berufen gewesen analog zur Amts-Ausübung noch am Karlsberg hoch oben im Gemäuer am damaligen Landratsamt daraufhin – des aktuell inzwischen um-gewidmeten Dachauer Heimat-Museums. Gehalten gewesen in Befindlichkeit vorher im Amtszimmer des neuerlichen Landrats dann in Nachkriegs-persona mit des <Dr. Kneuer> erst-mal in der Chefrolle erhaben zu treuen Diensten im Amt berufen gewesen. War man väterlich designiert berufen dann gerade-mal fürs Feuerschutz-Wesen im Landkreis mit 54-Löschmannschaften, erbaulich zugange im Vakuum des Kommandanten-Stabs im Doppel-Job samt des Stellvertreters Mühen gewesen.

Wobei des Landrats Führungsrolle nach Kriegsende – zuvorderst eben der Aufbau des Feuerwehr Organisations-Plans unter Ernennung eines Kreisbrandinspektors in freiwilliger Befindlichkeit – diesseits in väterlicher Eigenschaft Ehren-amtlich oblag. Während im Landratsamt das Ressort <Brand. & Katastrophenschutz> unter Münchens Bayerischer Hoheit, eines Landrats wie des späteren Brandrats Response und Öffentlich als Anlaufstelle man kommunal angestrengt zu gewähren hatte.

Analog zu einer Vergütung in lediglich 3-stelliger Größe bei monatlich als „Aufwands-Entschädigung" deklariert bis hin in die frühen 70er-Jahre beibehalten gewesen. Bevor dann deren Dienst am Nächsten seither etwas bereichernd daraufhin doch in 5-stelliger Vergütung p.a. adäquat hierzulande passabel doch erstattet seit vielen Jahren nachgekommen ist.

Analog dann in Nachfolge Altersbedingt alsdann anfangs der 60er-Jahre in den Fittichen des <Dr. Josef Schwalbers> Majorität, auch als eines <Gewählten> CSU-Landrats Jahre vorher aus dem Raum Fürstenfeldbruck einst beheimatet gewesen. Bis es dann im Wahl-Modus an Dr.Pestenhofer aus dem Rosenheimer Land inmitten der 60er-Jahre, neuerlich zu treuen Diensten dann gewählt hervor ergangen war als nicht geringer zum Administrator gewählt gewesen im Dachauer-Gäu. Wie kontinuierlich gefolgt dann inmitten der 70er-Jahre vom gewählten CSU-Kreisvorsitzenden namens des Baumarkt-Königs H.Jörg Christmann.

Freilich als des honorig Sepp-Lerchenbergers eigen bemächtigter Ziehsohn und Partei-Nachfahre befindlich angestoßen gewesen auch – dessen besondere Vorteile auch als neuerdings selbst-fahrend Chefrolle plakativ betont umschrieben waren. Analog eben ohne des Chauffeurs Kosten-Note in gewohnter Ausübung geführt gewesen in den kommunalen Büchern. War indessen seines Amts-Begehrens folglich darauf-hin erstmals im Dienstwagen selbst-fahrend folglich die Rede am Steuer – indem man sich mit Nachdruck ereifernd nicht minder vorteilhaft auch zu bewerben wusste zugunsten der Partei wohl auch insbesondere erbaulich vermerkt. Bevor man dann mit Weitsprüngen sich insgeheim mit Kapital der Allgemeinheit über die Sparkassen-Jünger Partei-befruchtend aufgemacht hatte, um sich als dreist verhinderter Mittelständler und Zerstörer im OBI-Dress verlängert als Sub-Unternehmer konspirativ verkleidet. Mit zuhauf an Kaution überhäuft und mehr als Triebfeder vom Sparkassen-Platz gut und sicher angeschoben behauptend. Um sich an erkaufter OBI´s Kassenzonen blindlings persönlich wie zugunsten der Partei über eine gewaltsam auferlegte Verschwörung im Interesse der Partei über Jahre hinweg verstohlen ergötzt zu haben.

Während an seinem eigennützig bestimmt aufgebotenem Geschäftsmodell Jahre hinterher – im Seitenblick über des neuerlichen Einkaufs-Parks hinaus dorthin am östlichem Ortsende der Großen Kreisstadt. Man nicht zuletzt freilich ein insgeheim angestrebtes Paradoxon um die fortan gut „verkäufliche Mittelstands-Politik" ganz oben auf der Agenda unnahbar als Neben-Einkunft stehen gehabt hatte. Um kraft des Phantasten um des Partei-internen Zauberbergs und all´ dessen an anmaßend erzwungener Willkür – seines Kassenwarts betulicher Gier im Parteifieber für feurig sprudelnde Neben-Erlöse im Auge des Begehrens präventiv untergraben standgehalten zu haben.

Wovon man zuhauf freilich zu Gunsten der Partei – dennoch über gut 2-Jahrzehnte hinweg, im Unwissen nach des Tengelmann-Konzerns korrekt operativer Geschäftpolitik. Folglich eben als „Mann der Tat" wie vom Amt bestellt, gut und gerne doch mit vollen Händen freilich lukrativ nur zugange gewesen sein wollte am Steuer des multiplen Landrats im Baumarkt-Fieber nebenher. Was eben so lange lukrativ mit Öffentlich-Rechtlicher Inanspruchnahme an Liquidität laufend gehalten war, bis diesseitig klärender Publikation marginal folglich.

Scheint während-dem zurück zur Ordnung im Amt – inzwischen dieser Mammut-Behörde um des Landkreis Aufsichts-Organs strammer Präsenz, seit Jahren die als gewählt geltende Persönlichkeit im Amt als Dachauer Landrat zu Diensten. Längst analog schon namentlich eines hauptamtlich gewählten <Herrn Löwl> Geschicke insoweit bestellt zu sein – wie gewohnt schon im Vakuum der Kreis-CSU in Disziplin genommen. Als auch ohnehin freilich all´ seiner Vorgänger entsprechend verbunden. Man auch der Sparkasse-Dachau insgeheim samt Aufsichts-Rat, breitbeinig eben seinerseits vorzustehen hat unweit eines Oberbürgermeisters <Hartmann> Diversifikation kraft Mandat auch zur Stadt-Sparkasse hin. Als auch einer daraufhin nunmehr völlig umgekrempelt wie anderslautenden Dienst-Auffassung wie neu geordnet inzwischen dann parlamentarisch zugrunde liegend. Dorthin im neuerlichen Haupt-Gebäudetrakt als Amts-Sitz nunmehr in Dachau-West wie analog seit Ende der 70er-Jahre in Dienst genommen. Während seinerseits des Landrats nunmehr wohl gewählt im Amt – eben OBI-Dachaus politisch Heils-bringende Handels-Phantasien kraft diesseitig veröffentlicht bekundeter Recherche bekräftigt. Folglich seiner Programmatik über des Konzerns Rücknahme um des OBI-Dachaus Geschicke im freien Handel – unumkehrbar deputiert und lautlos allenthalben aus nicht minder suspekten Partei-Reihen allzeit genommen sind. Indes eben folglich aus dieser verdammt kriminell über Jahre hinweg Partei-politisch kunterbunt gefälscht lukrativen Verbundenheit im direkten Kontext hin zur Kulisse einer beinahe üblichen Kreis- & Stadtsparkasse dubios beflügelt handelnd, der „Deckel drauf-gemacht ist.

Fällt mir kurz vor Schluss noch ein Ereignis um Landrats Schwalber Ägide ein, als man ihm zu Ehren zur Fahnenweihe bei der Feuerwehr sich des blumig Festkrug für die erste Maß-Bier bedient hatte. Im Unwissen, wonach der Roßstall-Schlüssel in Übergröße insgeheim sich doch darin befunden hatte für den Fall der Btandkatastrophe. Bevor zum Prosit hin des edlen Gerstensafts „Einlage" – in Schmiedeeisen verrostet auf seines Gaumens Gefühlswelt freilich vor Schreck hinzu gestoßen war. Und des Schankkellners vertane Fürsorge peinlichst Gefahr einher-gegangen schien. Schon in Sorge, wonach des Landrats Ehrenplatz folglich würde fortan unbesetzt verblieben sein über den langen Tag der Festivität hinweg. Während-dem seines Chauffeurs Regung hingegen dennoch nicht weiter betroffen schien mehrere Tische weiter, wusste er sich wohl dorthin-gehend nach Alt-bayrisch Brauch zu behelfen nach – „schwoa mas obe". Worauf man sich unisono des Reinheitsgebots Belange im Brauwesen, wohl hygienisch auch näher gekommen war nach bitter Beigeschmack im ersten Zug.

Bin ich beiläufig nicht minder eingeholt dann mit späteren Sparkasslern in der Klasse, auch im Aufblick noch vom allerersten Dachauer-Abitur. Damals in Dienst-gestellt gewesen als Filiale einer Münchner Lehranstalt im Emblem namens der

<Ludwigs Oberrealschule>. Unisono erbaut gewesen seither in den 50er -Jahren vor-Ort schon dort an Dachaus allererster Lehramts-Adresse mit Sitz an dieser Landsberger-Straße zur Schleißheimer-Straße hin verortet. Analog dorthin eben, wo mit Ausnahme der kirchlich bekennenden Vertreter – man in ausschließlich doch Münchner Lehramts-Händen im Schul-Alltag mit Disziplin freilich laufend auch treu umsorgt gewesen war. Mit nicht minder Stolz auch in der Öffentlichkeit wahrgenommen, schon im Familienbad mit der Turnhose hinweisend in der Farbe-grün durchaus auffällig schon auf der Liegewiese erkennbar oder am Beckenrand verweilend. War hierbei eben schon ein Dasein in weitaus höher angestoßener Reichweite unisono gefühlt auch präsentiert. Was im Seitenblick etwas elitär anmutend vielleicht daherkam – tat es allenthalben umso mehr weh hinterher dann für den Fall nach des vorzeitigen Abbruchs im freien Fall dann zurück an die Ausgangs-Situation von Jahren der Biederkeit von vorher.

Während-dem mein Kopf-Kino einen Film präsentiert bekam im bunten Mix ums Theaterspiel zu Fasching bis hin zum blumig inszeniert dargebotenem Theater- und Sing-Spiel vor Publikum – Lehrer und Schüler geeint. Ganz zu schweigen davon, indessen der rustikal anmutende Landwirts-Sohn mit des Vaters uraltem Bulldog direkt vom Dachauer Hinterland ausgehend. Mitnichten würde wegzudenken gewesen sein – schon im Seitenblick rustikal genommen auf die Park-Situation befindlich zwischen den PKW´s der Münchner Lehrkräfte im Hause voller Selbstbewusst-Sein niedertourig eingeparkt. Sollte andernfalls auch das an Tumult noch hergeholt sein bis hin ans aller-erste Abitur damals im hohen Hause. Eben erschrocken dorthin zurück – was überschattet nach einer Verzweiflungs-Tat im Schrecken um den Suizidversuch einer Teilnehmerin in Ermangelung wohl an analog genügender Punktzahl folglich losgetreten schien. Und man eben allenthalben noch schwerlich auch daran erinnert sein musste. Was unisono nicht minder eingeholt war auch daraufhin noch vom Notarzt-Einsatz und mehr noch an psychologisch nahe gelegenem Beistand über des gesamten Schulbetriebs hinaus-gehend – wovon zuhauf nach des guten Flairs gewogen Befindlichkeit doch ohnehin im Hause nicht weiter würde geredet worden sein. Indes allenthalben emotional und desaströs über den Tag hinweg dann immens zudem unzulänglich aufgeregt überschattet Spuren zur Frage nach Befindlichkeit doch ohnehin hinterlassen zurück geblieben waren.

Bevor man das von Angst und Schrecken völlig überzeichnete Mädchen dann im Erkennungs-Zeichen analog schon um des verbundenen Handgelenks – tags-darauf wohl in beschränkt nach geistiger Fitness bei wenig an selbstbestimmt und erschrockener Mimik wieder kurz und bedächtig zu sehen bekam. Eben dorthin unterwegs im oberen Stockwerk in eigentlich geübter Abi-Klausur. Akkreditiert im hohen Hause ums München-Dachauer Lehramt-Wesen. Bevor es dann wenige Tage später zur feierlichen Übergabe der Abitur-Zeugnisse dorthin in dieser Sporthalle-1865 wie angesagt, breitbeinig darauf wartend gekommen war. Was freilich auch in gediegen Anwesenheit des gesamten Schul-Zirkels vor Ort – mitsamt der stolzen Elternschaft aufgehübscht in den bestuhlten Reihen. Ebenso launig in musikalischer Begleitung über die Bühne gegangen war. Nachdem wohl Jedermann die Abi-

Zeitung im Cover futuristisch wie im gelungen Design – „Die Helden sind müde!" um die selbst ernannten „Frösche" der Redaktion, man sich allemal zu Gemüte geführt haben wollte.

Wessen man eben ein aller-erstes mal wohl neugierig schon aufgesogen hatte daheim dann bei zuhauf an Klamauk um all' die einzelnen akademisch designierten Mitstreiter und deren auch um manch spitzfindiger Auffälligkeiten und Macken daran geknüpft. Seither nicht minder in der Klasse verwoben um die angesehenen Ober-Primaner habhaft und selbstbestimmt seither schon aufgefallen gewesen in der unteren Stadt. Eben zu den Zeiten geschehen noch – als man den Sohn eines einfachen Arbeiters als auffallend guten Abitur-Teilnehmer wohl gerne wie gestikulierend erhöht auch ausholend lobend. Mitunter auch Heils-bringend in der Halle akademisch nach Duktus zu hören bekam seitens des Direktors (the Boss) gewählter Wortfindung am Mikro. Als auch gebührend nicht minder Rechnung tragend gewesen alsdann bei schallend an Applaus und Mimik daraufhin in den Reihen freilich zwanglos angekommen.

Bevor ich nach wenigen Jahren schon dort in den unteren Klassen gerade-mal noch unzulänglich wohl mangels Interesse halbwegs gerade-mal teilnehmend – eben müßig vorzeitig schon abbrechend Konsequenz zu ziehen hatte. Schließlich alsdann fern nach Muse verdrängend, diesen allerletzten Heimweg von einer selten gelungen erbaut wie erbaulichen Lehranstalt. Alsdann auch gesenkten Hauptes und schweren Herzens noch müßig anzutreten hatte. Unisono auf dem Fahrrad per se noch als Geschenk zur Erst-Kommunion oder Firmung willkürlich in bleibender

Erinnerung mehr-gängig unterm Hintern. Direkt hinauf eilend ins Ensemble einer still grüßend wie absolut aufgeräumten Altstadt rund um St.Jakobs Kirchturm.

Während ich auch unwissend noch im gestärktem Abbild all´ dessen an Tatsache unbedarft geeint gewesen bin – wonach freilich die hohe Schule des Lebens sicherlich noch beizeiten. Wird unzählige Facetten und vielmehr davon noch an Heils-bringender Armada nach Programm fortan zurück gelegt halten alsdann für den konkreten Fall. Wie daraufhin fulminant und wohl gefällig bei Gelegenheit und beizeiten eben würde analog noch insgeheim visuell quasi als Omen auch bereit gehalten gewesen sein. Indes eben gänzlich nicht minder ohne jedweden Abitur- und Studien-Nachweis an tausendfach zuhauf doch lukrativ aufgebotenen Märkten hierzulande nahe Münchens-Vakuum insbesondere.

Wie Grenzüberschreitend als auch im Leuchtturm-Format adäquat, möge es dafür greifbar unendlich zur Verfügung stehende Lehr-Programme doch im Interesse der Nachkriegs-Generation zuhauf gegeben haben. Als auch manch Knochen doch griffbereit und gebückt wohl noch zur Stelle bereitliegend würde ohnehin zur rechten Zeit erkannt sein wollen bei hoffentlich dann nur gut gemeinter Beratung. Insbesondere weniger gefolgt auch von ohnehin doch zuhauf an Habitus, Titel-Fetisch und Frust im nüchtern wartend Geschäfts-Alltag allzu sehr abgenötigt – oftmals krachend vorbei an wahrem Talent und persönlicher Mitte. Schon um nichts liegen zu lassen – möge Vorurteil der Wahrheit nach

gediegen Leistung hingegen deren Platz freilich in aller
Deutlichkeit maximal bleibend freizuhalten haben längs meiner
Lebens-Autobahn.

Als auch naheliegend all´ der endlos auf-bietend bevor-teilten
Lehranstalten in unser aller Landeshauptstadt gediegen dahin
gleitend in operativ gefühlter Lehramts-Methodik absolut wohl
befindlich – nach Schrankwand naheliegend in erbaulicher Option
und Muse bereit stehen möge zum Erhalt der Standards. Eben
vielmehr dorthin angestoßen verwahrt zu bleiben möge, wo es des
unerlässlichen Computers erbauliche Dienstbarkeit im Naturell
der Rolle de-Facto als allerbester Begleiter freilich nur zu
verstehen bedarf. Alsdann analog lediglich helfender Natur
ähnlich des Partners zur rechten Hand, man erleichtert digitales
High-tec. gerade-mal wahrzunehmen haben möge beizeiten dann
im Bedarfsfalle .lediglich.

Möge auch der Großen Kreisstadt Dachau Gehör gegeben
sein, insbesondere doch im Abbild der Eintracht nach als vormals
Kunstschaffende Oase längs der blumigen Amper-Auen. Wohl
behütet Heils-bringend eingebettet auch seither verortet – man
sich dorthin eben im mitreißend Fieber der Strömung längs
laufend partizipierend. Dann kraft der so besonders erhaben
befindlichen Lichtquelle dort im weiten Lichtschein an verwoben
Moos- und Moor-Licht erleuchtend mit der Umgebung
harmonisch auch verknüpft innehaltend. Möge des Künstlers
Belange gnädigst über den langen Tag hinweg vollauf verfügbar
erhalten geblieben sein. Indessen nicht minder vor dessen betulich
Anmut angestoßen – des launig Künstlers wonnig Muse durchaus

mitreißend wie adäquat gewogen in alle Zukunft weisend zudem erhalten bleiben möge dann dahoam wie zuhause wieder zurück. Bevor dann unser-Eins umgeben dabei nicht minder im Seitenblick durchaus manches mal behelligend schwelgend auf das Profil des Dachauer St.Jakobsturms mit seinen stolzen 43 an Metern-Höhe. Alsdann aufblickend zugehend daheim zurück angestoßen im Visier – als auch über die Pflaster-Böden hinweg schreitend zwischen des Turms respektables gesundes weiß gestrichen strahlendes Mauerwerk im vormals Reichsformat-Ziegel „vom Reischl" wohl handwerklich per Seil & Rolle hoch gezogen.

Wie man das rustikal auch über das Apotheker-Gasserl hinweg bewegend seither gerne doch längst schon kennt – am Heimweg dann von der 10-Uhr-Messe beispielsweise beschwingt zurück. Einer jeher gut und gerne klerikal ausgerufenen Veranstaltung um der Damen-Moden neueste Trends gewogen längs des Marmorbodens und all´ seiner angereichert verlautbarten Akustik. Im Nachklang hoch-hackig gewählter Damenschuhe. Alsdann nicht minder zudem bereichert noch von Fabel und blumig Alt-Dachauer Legende nach persona-grata, Sitte und Moral – folglich bis direkt hin zur „Hölzl-Linas" malerisch gewogenes Zuhause bereichernd seither dem Rathaus gegenüber stehend. Geziert von Patina, Kuppel und Kupfer aus Spenglers Blümel´s Hand dem Zahn der Zeit gewogen gefalzt auf des Türmchens zierender Kuppel. Wessen darunter imaginäres Stimmorgan beschwingt angemessen und hochkarätig Zweifel unbekümmert auch seither suggerierend zu erzählen weiß. Dem Geheimnis im Spannungsfeld nach der illustren Mär um eine legendäre Alt-Dachauer Saga nach des seit grauen Vorzeiten überliefert wie unterirdisch sakral angelegten Höhlengangs. Mitsamt wohl irre an Buden-Zauber bei manch Hintergrundwissen im Spagat zur Realität vermeintlich verwoben bislang marginal um die Häuser ziehend innehaltend.

Als angelegt auch seit Generationen in zwiespältig Befindlichkeit nach klerikal angesagt trauter Zweisamkeit im Terminus dann in Begegnung alias „unter-Tage". War die Rede um dessen Erschließung unter vorgehalten Hand aus dem Ressort sakraler Tiefbau-Innung nach insgeheim mit Augenzwinkern meist unter Freunden nur. Um diese zwiespältig doch hochkarätig immens verlautbarte Romanze freilich seit jeher schon willkürlich der Historie nach entnommen gewesen. Am Gipfel dort oben um die letzten Höhen-Meter willfährig am Altstadtberg. Nach keines Geringeren Befindlichkeit bislang nahe gerückt schien denn des vormaligen Stadtpfarrers alias des einzig unleidlich gewohnten <Stadtpfarrers-Pfanzelt> selig. Schien außer Frage freilich nach dessen hochwürdiger Identität unisono gemeint gewesen dort am Gehweg „beim Zauner". Zurück reichend eben im Glauben nach des legendären Indiz in Anmutung nach Zweisamkeit bei wackelig Konsens mit der wohl beleumdet und allein-stehend angesehenen „Lina Hölzl" vor Augen. Dessen verschrobene Historie aufgeworfen war dazumal wohl schon in Dachaus beschaulicher Altstadt in Entzückung und Haufenweise doch an gebremst nach Aufschrei. Indessen einer hochwürdig geführten Ägide nach Seltenheit im Fokus einer Liebschaft gewogen geteilt „unter-Tage", quasi nur mal eher so angetastet angedacht – auf diesen wenigen Höhlen-Metern im zutiefst beherztem Kerzen-Licht und manch physisch noch erdenklicher Schatten-Umrisse befeuerter Zweisamkeit.

Befindlich im Seitenblick nach des ehernen Glaubens-Rituals daran maßgeblich wohl gehalten gewesen. Mehr doch im Terminus von weit hergeholt oder eher vielleicht doch nicht – erdenklich woran freilich Jedermanns Gedanken-Welt dann im Aufblick schon zu Hochwürden Pfanzelts geweihtem Duktus entzückt anzuhalten vermochte. Ums Eck erdenklich nach fröhlich Urständ Gerücht wie nach Sonntäglicher Kanzelrede biblisch bis diabolisch angetan wie anstoßend gewesen. Wohl oder übel unbeabsichtigt nach Pontius Pilatus, näher denn jemals zuvor daran unwillkürlich ausholend in manch Narrativ oder Phantasie berührend – man schon mal Christ-katholisch auch besinnlich daran angelehnt umgänglich war.

Um hinterher dann am Raus-Weg schon auf der markanten Außen-Treppe des Presbyteriums – wie gewohnt dann Achsel-zuckend im kleineren Kreis der zeitlosen Legende beharrlich dann aus dem rührend dafür heran gelassenem Heimatfilm. Wohl im Mythos erstmals in Farbe schon in Cinemascope im Kopf-Kino blumig vor Augen. Eben dort vor Kulisse nahe des Bauern-Theaters vom Dachauer Hinterland virtuell aufgesogen. Und schließlich der Frage aller Fragen dann nach des Phantasten Wahrheitsgehalt folglich ausholend, man ausweichend eben unsicher bei-gekommen zu sein vermochte. Alsdann bei zuhauf an Gestik und Muse von Kopf bis Fuß reflektierend. Nachdem man das gebührend zur reiferen Jugend selektiert freilich marginal angestoßen – gegebenenfalls im Anschluss zur mitnichten unbedingt geübt elterlich allgemein befindlich klerikalen Saga nach Aufklärung daran vorbei schrammend zugeführt bekommen haben schien oder wollte.

Indes freilich doch in allzu gern umgangen nach Alt-Dachauer Lesart gewogen Manier untergraben auch. Man das besser doch in präpositional gewogen Sachlichkeit eigentlich erwogen nach „klerikal Unter-Tage" auf Abwegen – womöglich beiläufig halt verweilend. Alsdann auch irgendwann noch schmunzelnd angeregt ummantelt halt im Areal nach Zwischen-Welt, quasi kurzerhand noch so ungeprüft eben erst-mal so hin-gesagt bekam. Zurück mit Pausenbrot vielleicht noch in schreibfaulen Händen im allerersten Aufblick damals zur Kino-Leinwand schon nach <James Deans> geübter Hauptrolle dort drüben nahe Kaliforniens Hauptstadt <Sacramento> in den USA am Steuer des German Porsche. Dessen befeuerte Szenerie ein traurig allzu frühes Ende bekanntlich genommen hatte wohl vor laufender Kamera. Gefolgt von endlosen Groß-Fotos für des Tennies Weltweit schmucke Bude als Fan an der Wand für all´ die Stars.

Darf indessen durchaus nahe erdenklich auch – doch des bekannten Künstlers Image alias des angesehenen „Akt-Fuchs" <selig> wohl eingepflegt gelebte <Leichtigkeit des Seins> im Genre der feminin erwogenen Welten nach dessen Aktmal-künsten. Alsdann befreit in direkt durchlebter Muse zur Alt-Dachauerisch mit etwas an Begierde – allzu gerne textilfrei infiltriert gewogen genommenen Weiblichkeit erwähnt sein. Als manch Impuls hin zu des Freigeist-Seins befreiend gelöstem

Anschub-Moments, freilich noch kulturell dazu erschlossen hin führen möge. Mit Griff zur begehrlich Farb-Palette im Sog nach erlesen beschwingt erregender Malkunst-Kultur. Bis hin in so manch Dachauer Schlafzimmer angeregt im Blickwinkel mit Muse freilich abgehängt auch vorstellbar.

Während-dessen meine abtrünnig gewordene Alt-Immobilie namens der vormaligen Lokalität zur „Amperlust-Mitterndorf" freilich auch neben höheren Dienstgraden ums Baurecht mit Einspruch anhaltend vorgetragen gewesen. Nicht minder auch in Münchens Staats-tragender Silhouette und mehr noch an müde ausgeübter Regierungs-Planstelle ablehnend langatmig angestoßen in Erinnerung. Sollte in all´ den Jahren vorher nach jugendlicher Unbeschwertheit an der Krankenhaus-Straße. Nicht minder des einfach gestrickten Landsmanns Dasein zur Notiz auch gereicht haben im Einwohner-Meldeamt in der Kirchenschule oben. Und so gesehen im launigen Gedächtnis verankert – doch längst schon im Rentenalter unweit zur Miete dort oben, wohl behalten um des gut-herzig als auch Bierselig über den Tag beseelten „Wild Bersch" vom I.Stock launig auch zu hören war. Insbesondere um dessen stets allzu verspäteten Rückweg dann vom Frühschoppen „beim Helferwirt" heimattreu verlässlich abends zurück. Wohl gemerkt um des Bier-Konsums über den langen Tag hinweg bei gut und gern gestemmt verträglichen 18-Halbe auf dem Bierdeckel.

Worauf das Heimweg-Ritual nunmehr eben sehr breit-beinig und wackelig vonstatten abgegangen war – begünstigt zur Belustigung manch erregten Zuschauers Blicke auch. Bevor er dann an der Haustür an-läutend wie gewohnt nach seiner Liebsten im Kurzsatz üblich „Mame mach auf", treuherzig und halblaut gestimmt leicht angekratzt gerufen hatte. Worauf sie rhetorisch verlautend, kurzum den Schlüssel abwerfend, ihm spontan die allzu bösen Schlagwörter wie – „bist jetzad endlich da, du b´suffas Wagscheitl – a jeds Viech woas, wanns aufhören muaß", lautstark zugerufen hatte. „Aber du halt allzeit no net!" So der verknappt verhallte Imperativ. Worauf der „Bersch" kleinlaut folgernd daraufhin quasi verkleinert gemeint hatte – „aber Mame, de saufa doch grod lauter Wasser!" So schien dann ab in die neue Woche, seiner durchaus über-angestrengten Kampagne im Sinne der Leber/Nieren-Funktion freilich nur allerbestes erholsames Einvernehmen angediehen. Alsdann bis hin zur nächsten rustikalen Bier-Sause am Tisch mit den Kartenspielern über den Tag getrost auch verweilend. Sollte doch erst-mal wieder insoweit quasi marginal Einvernehmen und Selbst-Wert angestoßen gewesen sein.

Bevor es gleich ums Eck einen Urwüchsigen mehr noch gegeben hatte – des urig Schuster-Gesellen Typus alias des „alten Rieger Sepp" unverwechselbarer Visage bei leiblicher Fülle. Zum besten gegeben meist im grauen Unterhemd. Dessen Ansprüche bei Tisch nichts weiter denn die „Alltags-Lunge mit Semmelknödel" sein Leben lang zufrieden reflektiert haben wollten. Während seiner PR-Maßnahme im Fenster einer seiner Miets-Häuser allenthalben um eines Reklame-Schilds mit der gedruckten Aufschrift versehen war – „Wer seine kaputten Schuhe bringt zu mir, bekommt sie gut und billig repariert wieder zurück von mir!" Und wenn seines Sohns-Martl´ Vita beim Kochwirt oben spät abends einträchtig dabei gesessen hatte, war der legendäre „Holzgarten-Sepp" meist auch nicht mehr weit. Eben als Derjenige in der Runde, dessen Mundart in des „Möslers" buntem Duktus und Syntax – eben der Moos-Wiesn Type. Nahe im Himmelreich dort oben angestoßen, eben anderslautend melancholisch gefärbt und beflügelt daher kam. Und wenn in dieser Zierde einer rauchigen Samstags-Runde beim Kochwirt, beizeiten kurzum ein Spektakel für Kurzweil her musste. So sollte das unweit von ihm auch Filmreif noch abgehend auch meist gelungen sein. Wie beispielsweise dann bei aufgehendem Mond alsdann zur Mitternacht hin schon – der Wetteinsatz zur nackigen Umrundung der Altstadt bis hinunter zur Mittermayer-Straße, für Aufschrei freilich gesorgt hatte. Und des selbstbewussten Sportlers Antrieb dazu für Start & Ziel auf Biwe′s Außen-Treppe, spontan gegeben war. Was mitnichten ohne des rührigen Holzgarten-Sepp′s Job als Streckenposten auf halbem Weg hinunter, alsbald freilich auch schon Fahrt aufgenommen hatte. Bevor dann die Ziellinie bei nächtlich Applaus – barfuß ansonsten „ohne", wieder zurück erreicht war mit gut befüllten Krügen freilich wohl behalten in Händen. Bevor es dann den <kalten Braten> ein weiteres mal freilich noch gegeben hatte.

Was mitnichten jemals würde gefehlt haben dürfen dort oben im Stadt-Bauamt neben des Bürgermeister-Zimmers im Rathaus – nahe dran einer Palast-Revolution schon, eben in Anbetracht der von Ansehen strotzenden Persönlichkeit um des honorigen Fabrikanten-Welten Anspruch. Und dessen gewogen geduldete Bau-Ära im Dachauer-Gäu seit Generationen schon. Als auch dessen Sonder-Status nach rührend Abhandlung im Thema Bau-

Recht nach des §34 Bayrischer Bau-Ordnung. Respektive auch dessen instrumentalisierte Anwendbarkeit in der Thematik nach einer von weit hergeholten Ära nach Sonderbehandlung losgetreten. Will heißen, ein in futuristisch geballter Abweichung um die Bau-Genehmigung nach der Strategie einer Nicht-Strategie vollzogen. Deren Verwendung dorthin hervor geholt schien bei absolut Artfremder Einlassung nach Sonder- und Ausnahme-Modus seither schon. Indessen eben dem aus grauer Vorzeit schon in Erwägung heran gezogenem Status-Quo – im Seitenblick jedweder Umgehung dort im Interims-Duktus folglich. Des Bauwerks Umrisse zuallererst zur Ausführung längst schon gekommen waren, dies ob in industriell wie privater Anwendung. Um unisono hinterher kurzum noch bei Schlagwort und blumig Redewendung in Verwendung sich ergötzend – „über die Genehmigung werden wir dann wohl noch zu reden haben". Freilich den Startschuss per interims nachgesehen zu haben. Während quasi im Nachsatz der kleine Dienst-Weg für des Großen Bauherrn Bemühen im Flair nach einer vormals noch verhaltenen Amtsstube. Indessen respektive im Standard bis auf weiteres freilich „in Bearbeitung" korrekt folglich – man insoweit amtlich nachgekommen war als Interims-Akte erst-mal im hohen Hause. Geschehen damals noch vor der Rechtsform zur Großen Kreisstadt. Während des ohnehin längst begonnenen Baukörpers inzwischen freilich längst schon Form und Kante fix & fertig angediehen war, sollte es an Etikette mitnichten gefehlt haben. Bis hin zur nächsten Begehung alsdann vor vollendet beschaulicher Tatsache des Projekts.

Und insbesondere infolge-dessen – dann freilich alle näher damit infiltrierten Amts-Kollegen sich Augen-zwinkernd wie leichtfertig und adäquat doch längst schon in Schweigepflicht besorgt zu üben wussten. Bevor es dann zur nächsten runden Geburtstags-Sause des honorigen Jubilars und Alt-Dachauer Groß-Grundbesitzers zuhöchst persönlicher Einladung. Alsdann quasi folglich angestoßen auf ein Neues hin gegangen war. Und freilich wieder mal dann allesamt auch mit Muse es geschafft haben wollten – für lukullisch einfallsreiche Gaumenfreuden und Weitsprünge mehr noch an gewogen Catering, Stimmung und Live-Musik. Dann allzu gerne wieder ringsum vereint im geehelichtem Auftritt den Rahmen zur vorzeigbaren Kulisse nicht minder fotogen auch. Freilich dafür gut und gerne vorzüglich abgeliefert zu haben. Womit man einmal öfter quasi doch dem Jubel-Fest allzu gerne auch gefolgt sein wollte schon mit Blick aufs kommende Jahr hin bei Speis & Trank und Ideen.

Während im unlauterem Umgang mit manch durchtrieben verwobenem Amts-Missbrauch am Bein – im Exempel um eines Landrats nächst der Schliersee-Ufer dort in absolut breitbeiniger Amts-Abweichung. Vorzugsweise doch mit anderer Leute Geld bekanntlich damals zum „60-sten" und mehr an reichhaltigem Aufwand schon für Catering & Logis in großzügig wuchtiger Verschwendung gut Geld auch dabei los getreten war in Ufer-Nähe. Worauf man inzwischen nicht minder mit des annulliert verhandeltem Pensions-Anspruchs wohl geahndet hinterher kam, von einer Schrankwand an Vertrauens-Mißbrauch im Amt immens für alle Zukunft im Dorf nachhaltig müßig überschattet auch.

Wäre hierbei im Dachauer Baumarkt-Skandal um des Landrats-OBI – durchaus freilich kraft Meta-Morphose nach „Whirecard & Monopoly" naheliegend aufschließend auch zu reden. Alias quasi vielmehr doch von Bau-Klötzern nach Wertung der Phantasten und dabei frei erfundener Gegen-ständlichkeit nach Rang, Narrativ, Paradoxon und Aktenlage. Bis hin noch zum Garten Eden freilich zum halben Preis gerade-mal doch für des Würgers Steffl's heiter Zahnarzt-Zunft dort im heimatlichem Dorf. Angetrieben von abweichend Kompensation und Prosa im Selbstverlag am Sparkassen-Platz. Als auch unweit im Jargon schon des „Banana-Joes" nach blumig umspieltem Halbwert-Modus seiner Sorte. Seither wohl unisono zugange dort oben an Bord, wie stets Sturmsicher fest gemacht übers Jahr hinweg am Poller dorthin vor Cuxhavens weit sichtbarem Hafenfeuer.

Wofür man sich der angeschwärzten Akten in Regensburg inzwischen erneut kaum geringer an Zeit genommen scheint. Um in-Sachen „Bürgermeister, Politik und des Bauens Filz – allzu beschwerlich an Lug, Trug und Nebenkanälen mehr zur Klage freilich vorgetragen bekommen zu haben. Nicht minder gewogen eben nach allgemein Bürgerlicher Rechtsauffassung auch zu recherchieren imstande gewesen war. Indes dem Stadt-Oberhaupt aus dem SPD-Lager dort an der blauen Donau einst mit Furore hin-gewählt – ungeachtet dann des guten Ratschlags folglich. Kurzum die wohl erheblich besser ausgeübt suspekte Rezeptur aus Pfründen der immens abgehoben „Neu-Dachauer Sparkassen-Schule". Man Streckenweise doch Heils-bringend erheblich besser davon würde Einkunft nebenher noch im „Griff unter den Rock" kurz und bündig entnommen haben. Schon um eines operativ zuhauf verwobenen Landrats übelst nagender Praktika im Griff nach lohnend selbst-bestimmter Art nach Märkten für Haus & Garten bei OBI. Im Vakuum nach starkem Tobak zur Kasse hin allgemein-verbindlich freilich nur mal lukrativ auch voller Nimbus danach verschwiegen angestoßen zu haben.

Schien das für des Amts-Chefs Partei-Protagonisten – doch über zig-Jahre hinweg ein gefundenes Fressen gewesen unter Freunden im Vertrauens-Vorschuss um ein Öffentlich-Rechtliches Sparkassen-Novum aus dem Hinterhalt. Indes amtliche Kriterien in sehr unterschiedlicher Natur auf Amts-wegen – etwa im Ressort um Brand- & Katastrophenschutz an Münchens Weisung vom Head-Quarter im Falle zur Ausrufung. Freilich streng an Rang & Gesetz gebunden sind. Weiß auch die Bay. Landesbank kraft des eigentlichen Aufsichts-Organs im Job des Sparkassen-Vorstands – seither doch wohl allzu immens Vertrauenswürdig umzugehen unisono an der langen Landrats-Leine laufend. Als auch geprägt von Ideen und Geschäfts-Modellen avancierend, woraus sich durchaus das Konzept direkt hin zu eines OBI-Dachau cremig nebenher erschlossen hatte. Und Manch-Einer vom Zuspielen der Bälle im Verwaltungs-Rat der Bayern-LB auch ungeniert zu erzählen gewusst hatte vor TV-Kameras.

Besteht diesseits einhergehend eben das an Wissensstand um die massiv erhöhte Gefahren-Situation einer Partei-politisch am Geldmarkt arrivierten Kreis- und Stadtsparkasse – allgemein eklatant eben für den Fall, sofern eben der Flügel-verleihende Landratsposten im Doppelpack zum Obmann auch der „Staats-Partei" den Rahmen individuell vorzugeben weiß für ein durchtrieben verbotenes Spiel der beherrschenden Macht. Und bis hin zum Kontrollausschuss der Bayern-LB man auch rundum „per Akklamation" und mehr nach Gutdünken fern jedweder Seitenblicke freilich der Situation brüderlich verliehen beiwohnt zu deren Amts-widrigen Freischaltung am Einkaufs-Park. Als auch folglich diesem Abbild an Lichtgestalt und Reinfall am kommunalen Geldhahn – doch zunächst ein Lügen-Komplott ausgereicht hatte dafür, sich des Konzerns wohl erdachtem Ressort namens des <OBI-Großcenters> Option für Dachau. Sich kurzerhand mit Erfolg bei gut Liquidität honorig kommunal anonym erschlichen auf Umwegen beworben zu haben. Was mit Dauerschaden zu Lasten des Mittelstands fern jedweder Vorwarnung in Wort & Schrift. Dorthin eben am allerbesten Standort Dachau, sich unter fremdem Namen dann munter bedient zu haben im Ereignisfeld des Pharisäers Auftritt in verräterisch befremdlich tödlicher Aufmachung. Analog kraft einer Marionette in Himmel-schreiend erdachter Rangfolge als Franchisenehmer mit Frischgeld der Kommune treuhänderisch als Attrappe im Trachten-Gewand rundum versorgt gewesen. Unisono wie man sich das für die Partei-Granden kurzum auch besorgt in Dienst-gestellt haben wollte auf der Agenda einer Partei im „All-trade-Fieber" in den Reihen. Deren Ziel-Linie angetrieben war von arglos nach Vertraulichkeit bei fehlend Staatstragend geregelter Dienst-Auffassung, um sich und die Seinen komfortabel frei geschaltet zu haben im Narrativ eben auf dubiosen Wegen an OBIs-Kassenzonen heran reichend. Deren man sich als Vormann und Mitstreiter einer Sparkasse Dachau nach Manier des Baumarkt-Königs integer Verfassungs-Normen. Quasi halt nur mal zu stellen hatte im Seitenblick dann stets doch für die Partei nur gehandelt zu haben im Sinne nach Gemeinnützigkeit obendrauf noch. Gestärkt umwoben bei nur guter Presse- und Öffentlichkeits-Arbeit.

Während mit Blick um des Miesbacher Sparkassen-Skandals nach des Obmanns vom Landratsamt abgefahrener Selbstherrlichkeit, freilich ein Füllhorn an Selbstherrlichkeit bei Landes-fürstlich SB-Geheiß zutage gebracht war. Direkt hin an Kost & Logis im Grande-Hotel nach <de-luxe Format> mit Meerblick gebucht. Vermochte man sich im mehr denn doppelt hoch gerechnetem Status nach Dachauer Bilanzsumme umso mehr nach Bau- & Garten bei OBI nach Gutsherren-Art näherer Betrachtung ungeniert zugeführt haben für sich und die Seinen. Ausübend mit Partei-Personal um Franchise und visueller Marktleitung im Augenschein Tengelmanns Distrikt-Manager – war man der to-do-list in ungeprüft mentaler Tauglichkeit vor-Ort schon nahe der OBI-Regale. Nicht geringer denn bei zig. Mio.-schwer an Umlauf-Kapital in den Regalen, freilich vollauf auch nachgekommen. Und eines Landrats Diskretion im Vorfeld schon gewichtend in Anspruch, wogegen bei Gericht mitnichten ein Verfahren würde gegen des Establishments Eigenschaft man daraufhin eingeleitet haben wollen. Dies ob am LG-München oder am LG-Landshut vorsprechend – während man hingegen des Landrats Diensten vom Schliersee kurz entschlossen aus den Reihen des Aufsichtsrats der Bayern-LB für alle-Zeit wohl zu entheben wusste.

Passiert gewesen im trautem Happening vor einer Breitwand in Cinemascope – was gut aufgeräumt einst begonnen hatte als Spargeld-Verwalter mit Sparbuch und wohl geübt Sparkassen-Leerung schon in der Volksschule. Als wollte man eben unisono sich das Sparkassen-"S" doch als Botschafter mit Nimbus für Spende und Benefiz auch honorig in Erinnerung gehalten haben. Zugunsten freilich einer zuhauf unbescholten agierenden Kreis- und Stadtsparkasse im Zentrum der Großen Kreis-Stadt Dachau. Bevor dann die Gretchen-Frage sich noch zu stellen vermag – wem die kraft der Länder seither gehaltene Sparkasse, denn in Wirklichkeit auch würde gehören wollen!? Wohl definitiv doch Niemandem persönlich oder gesellschaftlich – dem Geschichts-buch nach seit rund 300-Jahren um des nach gut Ding und Brauchtum ausgerufenen „Welt-Spartags" Tradition blumig vorgetragen auch. Abgefangen gebündelt als Ressort eben einer Mammut-Behörde unweit gelistet von „Unterer-Naturschutz, Feuerwehr, Hausschlachtung" und mehr bis direkt hin über Fischfang ans Paradoxon im Geäst zur Gewerbe-Aufsicht im Alltag eines Landratsamtes.

Sieht all das ähnlich im Gemenge nach Kraftstrotzend unangefochten wie hervorstechend laufend gehaltener Bündnis- und Nibelungen-Treue aus. Im Vergleich nach Erwägungen um die <Banca Vatican> nahe. Als auch nalog vor-Ort manifestiert inmitten Roms feudaler Vatikanstadt, dieser obersten Behörde der Weltweit Kath. Kirche nach Alt-Geschichtlicher Noblesse seither gut bewacht nach Schweizer Doktrin auch beherbergt. Indessen sich die Frage mitnichten würde stellen wollen – ob nach Vorgabe im <Ornat> auftretend oder zivil im Business-Dress um eines

Landesweit Bay. Sparkasslers gegenständlich verfügte Kleider-Ordnung. Nach Befindlichkeit rauf runter im geschäftlichem Alltag. Eben mit Blick insbesondere auf diesen rund 450km Streckenabschnitt längs der Autobahn „Strada-del-Sole" zwischen München-Dachau und Italiens Hauptstadt <Rom>. Erdenklich terminlich gerade-mal unterwegs. Man indessen auf Abwegigkeit im Seitenblick zur Verfassung hier wie dort nach Pontius Pilatus per ce würde aufgeräumt angestoßen zu rechnen haben. Während das Unrecht beider-Orts sich wohl kaum noch viel zu nehmen scheint unisono der Granden und Helden auch an manch Partei-politisch leichtfertig gewohntem Sparkassen-Tor hin ans Römische Portal. Bevor man nach Richterlicher Disziplin analog vom Dachauer Sparkassen-Platz ausgehend. Rechts-staatlich fundiert erwogen davon Strafrechtlich weitgehend würde abgesehen haben wollen. Nachdem zur Suspendierung ausholend ohnehin längst schon aufgerufen war bei grober Leichtfertigkeit auf allzu „heiß verfügten Vorstands-Stühlen" im Lügen-Kabinett.

So komme ich nicht daran vorbei im Eingeständnis – des Omens immense Vorbedeutung beizeiten schon mitnichten wahr genommen zu haben. Was schon am Tisch mit Tony dem Torjäger bei Champus und small-talk beginnend angestoßen war – , ohne das Glas auf gut Kasse und volle Einkaufskörbe nur mal anklingend erhoben zu haben ums designierte Projekt-Baumarkt. In Wiederholung alsbald im Landgasthof – seinerseits in Gesprächsführung am Thema allein-finanzierend mühsam vorbei geredet an OBI´s marginale Alleinherrschaft. Sollte der angesagte Abend auch schon ruckartig beendet gewesen sein im Hinweis seines inzwischen neu installierten Objekt-Leiters vom

Entsorgungs-Ressort. Dessen hanebüchen Manieren um den Lügenhaufen vor-Ort wo auch immer, dort mitnichten namens des Steffl-vom-Dienst würden jemals nur hingehört haben. Dorthin im diabolisch wild ausgeübtem Missbrauch auf direkten Wegen hin bis zur Enteignung mit Anleihen zur Bankiers-Frau von Text-Seiten vorher.

Indessen nicht minder eine Equipe mit Sinn für Kultur & Sport zuvorderst würde angestoßen sein wollen schon um die meist sportiven Wendehälse im Geldhaus. Allenthalben im Terminus nach des <Öffentlichen Rechts> dazwischen angelehnt im Sparkassen-Anzügerl. Als auch agierend nach des Leitsatz eigentlicher Hausordnung und Moral, des Kodex nach folglich eben in beidseitigem Interesse und Befindlichkeit. Wollte man umso mehr doch vor Obrigkeit bewusst gebückt nach des Landrats Dekret mit kommunal angekaufter OBI-Linie. Gestärkt von daher gesehen um sich schlagend über den Einkaufs-Park los gezogen sein. So als wäre man eben gegen den eigentlich schlagstark auch im Verbund auftretenden Mittelstand diabolisch operierend Siegreich vor-Ort dabei gewesen. Hierbei nach Over-drive gerüstet aufwartend jeher mit Baugerät & Maschinen zur Miete als auch zum Kauf – sollte durchaus präpositional und selbstbestimmt dafür in genötigt Argwohn nach des Behelf ums Bankgeheimnis. Maximal untergrabend aufgestellt gewesen sein als Vorstands-Sparkassler vom Dienst. Bevor man unbeschadet gleich nach Verkündung der Expansions-Sperre ums hagebau-Projekt, diesseits angeschlagen dafür spitzfindig dann ins Manöver gezogen war. Und folglich einer unumwunden dabei in-kauf genommenen Schadens-Summe von diesseits weitaus mehr denn EUR/Mio. 10.0. Indes unverantwortlich vergeigt wie direkt hin zur Insolvenz gereift war kraft des klangvoll OBI-Dachau auf der Agenda im Hinterzimmer der Partei. Als auch unverhältnismäßig los geschlagen vom Investor-Sparkasse, war neben der immens ideellen Verluste um mein Lebenswerk mitsamt eingebrochener Immo-Werte, der Valuta im Ablauf der Bayern-Altersversorgung mitsamt des Wiederverkaufs-Obligos Schaden nach Substanz-Wert Mio.schwer zugefügt. Indessen man allenthalben unbesorgt fern jedweder Legitimation all-dessen zurück belassen haben wollte, um sich fürs erste OBI-Geschäftsjahr Marktbeherrschend am Platz gesonnt zu haben mit vollen Einkaufskörben zur Super-Nova hin. Indessen in der Heimat im Dachauer Land nach Kräften blindlings allein verursachend auf der Rechnung versehen – als auch verbündet nach „Einer für Alle – Alle für Einen auf des direkten Weges hin zur Landesbank. Des Dekrets Effizienz im Spitzbogen um des Mittelstands Kräfte selbstbestimmt und allein-beherrschend aufgetreten, Kraft-strotzend verbeamtet quasi „unter Verschluss" abgesichert war im Sonder-Vermögen direkt hin zur Partei-Basis.

Indessen zurück an des Gouverneurs Anwesenheit an diesem Sonntag-Morgen in Martin/Tennessee drüben in den USA – zu Gast im <Dears-Club> eloquent am Tisch zur Stirnseite zugewandt. Dorthin an Sparkasslers Abgründe, eben jedweder Zweifel einer Nuance nach Verständnis ans Dachauer Papier, wäre gestikulierend auch genommen gewesen. Eben dorthin im Lande ausgehend, wo aller Art nach Ökonomie kraft geballt an Pioniergeist seit Urzeiten in den USA als auch oben in Kanada. Eben nahe nach <persona-grata> Erfolg wohlgewollt breitbeinig entgegen kommend würde genommen sein. Und eines Absurdums im Abgrund nach Dachau bieder Jagdszenen-Moral – nichts weiter denn der Hinauswurf mit Folgen würde spontan schon krachend Nord-amerikanisch mit Waffengewalt gegebenenfalls hinterher gekommen sein.

Während sich anknüpfend im Thema – zumindest die mehr denn alle Bay. Sparkassen in der Summe im Geschäftsjahr agierend übertreffende Münchner Stadtsparkasse bei gerundet EUR/Mrd. 120.0 an integer Bilanz-Summe. Man allenthalben Partei-politisch fern des Amtsschimmels abgesondert aufgestellt nur zu sehen vermag wenige Fahr-Minuten im Campus einer Sparkassen-Familie. Schon um des fehlend Polit-Dress vom Stuhl des Landrats Influenz wegen gegenstandslos zurück. Dies sowohl präpositional verdeutlicht mit Blick schon auf den bestellt Partei-befreiten Chef im Hause – bleibt des gewählten Landrats führend verwaltende Position, in der Landeshauptstadt hingegen draußen im Kontext einer Münchner Stadt-Sparkasse im Eigenleben. Dorthin nahe des KVR-Kreisverwaltungs Referats nobler Fußabdrücke.

Man hingegen darüber kraft Städt. Allein-Instanz, gestreng besorgt im Vakuum um deren Sonder-Rolle unter Aufsicht vor Vertraulichkeit das unisono auch im Angestellten-Verhältnis – absolut unparteiisch im Hause unbesehen auch zu nehmen weiß. Während-dem das Dachauer Baumarkt-Kriterium wohl ohnehin ein Sonderfall im Vakuum des Landrats Allein-Macht auch bleiben wird dort im Kontext Weltweit nach Brandgefährlichen Verschwörungs-Theorien bei nicht selten tödlichem Ausgang

Suizid-gefährdet auch. Unisono losgeschlagen gewesen hierbei im Portfolio des davon befreit aufliegenden Tengelmann-Katalogs für den unerlässlich Markt-tauglich befreiten Investor ohnehin nur aufliegend mit Vermögens-Nachweis.

Nachdem der rührigen Vorstands-Equipe kraft diesseitiger Start-Offensive am Gelände im Vorgriff beizeiten schon nach Baurecht, das Juwel einer zig-Hektar weiten „Blumenwiese" bei gerundet an Provision um DM 300-tsd. pro Abverkauf und Parzelle. Trotz der angelaufenen Suspendierung mit Post vom Staatsanwalt schon, kaum überschaubar zu Füßen gelegen hatte von Verkaufs-Fieber und Akquise direkt hin zur DAX-Fraktion abarbeitend nebenher übermannt gewesen. Während all das an Nebengeräusch um des verwunschen Startschuss nahe Blut-getränkter Böden daraufhin am diesseitigem Richtfest, längst im Tremolo aus dem Akkordeon des Bau-Poliers Rückstandsfrei auflösend im Schliss-Akkord zurück belassen war.

Werden sich die Neu-Dachauer Treib-Jagdszenen im Drama kraft der hilfreichen Verschwörungs-Akte wohl weiterhin in Händen halten um diese weite Parteien- & Finanz-Welt vor-Ort – ob guter oder negativer Auswirkung befindlich daraufhin unermüdlich wiederfinden wollen in Lesart nach Titel und Habitus. Möge andererseits das an nobel Kaufmanns-Denke im Konzern mit all den geschliffenen CEO's am Tisch, pfleglich beibehaltend erhalten bleiben.

Wie beispielsweise in Rumänien anfangs der 80er-Jahre um eines Disputen Wahns nach angesagt Macht und Größenwahn alias eines führend Herrn Ceausescu. Dessen blutigem Ende ein unumkehrbar aufgebrachtes Volk ums Völkerrecht kraft des Ultimatums direkt hin zur Verschwörung donnernd nach Pontius Pilatus im Kugelhagel. Man übers weite Land mit neuerlich demokratisch gelebten Werten dann umgehend probat auch nachts dann prompt wollte kurzatmig gefolgt gewesen sein. Bevor wohl oder übel alsdann, zuhauf noch weitere grobe Unzulänglichkeiten im Vakuum der Verschwörung als einzig voll-taugliches Mittel. Alsbald noch zur international erbau-lichen Bekämpfung mit Kampfes Mut und Leidenschaft. Schließlich selbstbestimmt in Eintracht entschlossen daraufhin noch zum Einsatz gekommen waren mit zuhauf an Abgrund, Holzeinschlag und Plünderung noch im Seitenblick unendlicher Begierde.

Würde man erdenklich unweit davon über ehemalige Werks-Angehörige hinaus – mitnichten darüber jemals geredet haben wollen um Amtsmissbrauch dorthin am Dachauer CSU-Counter. Respektive dort unten längs der Schleißheimer-Straße Nr. 100 – im Seitenblick allabendlich dann im Bayern-TV einer bekannten Heimat-Serie folglich. In Befindlichkeit am Drehort des vormals langjährig betriebenen Feinpappenwerks namens der Dachauer <FGS> Fabrikanten-Dynastie für Papp-Machee & Kunststoff-Verbund für die PKW-Industrie als Vor-Lieferant im Innenleben des PKWs bei OPEL. Namentlich erwähnenswert auch um die angesehen <FGS Gebr. Schuster Industries> dort in Dachau, Weiß man deren Zweigwerk Hebertshausen inzwischen längst angesehen notiert auch im Dachauer Industrie-Verein.

Von deren industrieller Nähe angestoßen – eben dieser „Großen von OPEL“, eines jungen Dachauers Faible beinahe krankhaft überstülpt wie infiltriert gewesen war ums Lenkrad des Straßenkreuzers bei kick-down gelegentlich wohl bekannt. Als auch am Steuer seines vom Typ-Kadett für allzu klein befundenen PKW´s Prestigewert her. Ihm der Kopf immens verdreht schien wohl schon vom Sound des üppig 8-Zylinders herrührend angetrieben vom Parkplatz an der Tennisanlage her. Worauf er dann zum Schrecken seines Umfelds diabolisch die Chance zu nutzen geglaubt hatte analog zu seines Bankers-Job, während der Mittagszeit mit eines Griffs in den Tresor seines Arbeitgebers. Im Glauben daran, dessen teure Anschaffung cremig schon gelöst zu bekommen – bevor einem Trugschluss allerdings folglich in den Abendstunden noch, das inzwischen zur Flucht genutzte Hotel-Zimmer unweit schon polizeilich umstellt war. Und tags-darauf dann seinem Traum im 8-Zylinder eben der Albtraum mit der Waffe gegen sich gerichtet, bitterlich gefolgt war. Im Abbild müßig im Entschluss, seinem Frust im versagtem Quantensprung vom OPEL-Kadett zum Diplomat, Admiral oder mehr. Eigenhändig für allezeit im Hotelzimmer schaurig blutig beendet zu haben als gewohnt Klassen-bester mit dem Tennisschläger in maßlos als auch unausgewogenen Spielers -Natur begehrlich Händen.

Während man zur Industrie zurück, eben gerne doch eingeholt wie angetan ist schon seit all´ den industriell gewandelten FGS-Jahren inzwischen, um sich der heimatlich gewogen wie nach Sprachwurzel dialektisch gut gestimmten Film-Serie „Dahoam is Dahoam“ gerne einzustimmen. Dessen Duktus & Syntax analog wie geschaffen ohnehin nach absolut Mundart-getreu beherzter Rollenspiele auch vor Kameras nach Bayerischer Sprachwurzel unbeschränkt ausholend all-abendlich wider gegeben ist. Weiß man sich gewogen doch allenthalben auch ersichtlich zu widmen bei sicherlich guter Einschalt-Quote für jung und alt gemütlich daheim. Indessen es der älteren Generation wohl vorbehalten bleiben wird, sich in früheren Dachauer Jahren, womöglich gerne nacherzählt an traditionell Alt-Dachauer Theater-Bühnen famos angelehnt. Beispiels-weise damals wie beim Birgmann-Bräu oben im Saal mit zuhauf gewichtig aus Tonnenschwer Guß-Eisen angelehnter Ofen-heizung besorgt. Als auch beim Hörhammer-Bräu im Großen-Saal bis hin noch im Saal ans <3-Rosen> gefällig zum Besten gegeben. Man sich wohl allzu gerne doch blumig an manch Szenerie auch wird erinnert haben wollen. Um schließlich im Nachtlokal „Flori" bei Emmy noch für einen allerletzten „Absacker" hinterher dann vorbei geschaut zu haben. Dorthin, wo man sich des SPD-Wählers Namen auch gemerkt haben wollte nahe des Kirchturms. Gewöhnlich eben verraucht am Bar-Hocker – wo eines Landrats Christmann beizeiten als Stamm-Gast, alles an Schlechtem in Sachen Verschwörung und Kampagne längst nicht würde angetrieben haben wollen im Blickwinkel am urig Thekenrand einer Seemanns-Kneipe. Dort im gelungen Nachbau und Flair weit entfernt da draußen am Kai.

Und Manch-einer der reiferen Jahrgänge in fröhlicher Runde – sich noch in die 50er-Jahre zurück ans Cafe-Central um Emmys Nacht-Job von vorher blumig zu erinnern vermochte. Nicht minder auch an Dachaus Bandleader namens des <Erwin Pöschl>

– dessen talentierter Sound Sonntag-nachmittags dann zum Tanz-Tee mit seiner Band bei Blues-Rock und American-Sound live angetrieben am Podium zu genießen war.

Wäre all-dessen an diesem Samstag-Abend nicht weiter von Interesse und Bedeutung gewesen – mit meinem akademisch belegtem Kunden aus vormaliger Brauerei-Szene dorthin im Werdenfelser Alpen-Vorland. Wozu er eben über seine verstorbene Mutter, schließlich als Allein-Erbe mit-samt einem Dutzend an Wirtshäusern in Richtung „Werdenfels", eben gekommen war. Während wir – meine Frau zur Seite, ihn mit Gattin zum Konzert in Klassik erwogen in den Schloss-Saal hatten erwarten dürfen. Um von bevorzugt reservierten Plätzen hin ans Podium, des russisch beheimateten Quintetts Vortrag akustisch auch befeuert genossen zu haben. Indessen meiner Lebenserfahrung ein gutes Stück-weit nach geholfen war auf die seinerseits gestellte Frage hin – wer mit welchem Instrument meiner Meinung nach würde der wohl beste Interpret denn gewesen sein im spät-abendlichem Ensemble. Worauf meiner-seits eben der Pianist wohlwollend nur gemeint sein konnte – während ich mich eines Besseren belehrend daraufhin mühelos dann zu unterwerfen gehabt hatte. Allenfalls auf seinen Hinweis dorthin, wonach damit der eindeutig schwächere Musiker würde zweifellos doch allenfalls nur gemeint gewesen sein.

Worauf ich für mich und meine Seele wieder gerne zurück war nach dorthin in des „Floris" Kneipen-Elixier, zu meist doch einfach eher gestrickten Leuten. Dort in rauchig Anbetracht nach des Hochsee-tauglichen Kramer-Floris Alltag, dessen Langzeit-

Gedächtnis auch erhalten geblieben sein vermochte da draußen auf hoher See – im Andenken wohl auf Dachaus „Brettern". Analog meist allzu gerne vorgetragen auch in Anlehnung nach bäuerlich urwüchsig Alt-Bayerisch, oftmals der nicht minder verwunschenen Heirats- und Erbfolge-Geschichten nahe. Wie hergeholt nach manch urwüchsig Überlieferung zurück ins Dorf – sollte allzu gerne doch des Themas in der Frage nach Good-will und Wertschöpfung um Zugewinn-Gemeinschaft auch Raum gegeben sein im rustikal Dachauer-Land. Als auch im Schluss dorthin-gehend – was erheiratet Bestand hat nach kluger Wahl, wäre eben von jedwedem körperlichem Einsatz befreit schon als Besitz analog ungefragt doch anzusehen. Bevor man sich die nächste Scheidung in oder um die Kreisstadt noch zugeflüstert haben wollte – im Zuge der 60er-Jahre dann des öfteren in allmählich gebotener Unbefangenheit auch.

Angetrieben freilich vom Neuestem – worin sich gegenwärtig im Dachauer Land, ein gerade-mal frisch von der Meisterschule durchlaufener Metzgermeister dorthin aus dem Augsburger Bay.-Schwabenland, hin auf die ausgeschriebene Verpachtung des Gasthofs samt Metzgerei allzu beflissen gemeldet haben wollte. Und lediglich im Wissen seinerseits um die gegenwärtig unverheiratete Tochter des Hauses – nach einhellig Stand der Dinge um Vor-Vertrag und Kondition schon entschlossen auch bei der Sache am Tisch. Sollte doch voreilig auch schon die Frage nach der Einheirat umgehend und erhellend brisant losgeschlagen dann nach geschoben gewesen sein kurz vor Schluss noch. Worauf des umsichtigen Vaters und Verpächters Interessen freilich schon für allezeit versiegt waren daraufhin im irren Sog von Materialismus um des allzu umtriebig designierten Möchtegern-Hochzeiters Gier ungeerdet nach Wunschdenken heraus gehauen im Vakuum nach zuhauf dinglicher Welten der Begierden. Dorthin eben um seiner Tochter allzu dreister Anwartschaft „im Blindflug" finanziell besessener Chance nach erbaulich an Aufwertung hoch gefahren. Als im Anschub auch allzu kühner Eroberung und Instrumentalisierung danach allzu dreist angestoßen. Wäre indessen hingegen vorbei geeilt gewesen an menschlicher Würde ohnehin schon – doch analog dann im dreist festen „Griff unter den Rock" freilich der nächste Schritt voreilig schon würde allenthalben bevorzugt auch getan gewesen sein.

Während man sich wohl gelegentlich des Sattlermeisters rührend pointierte Geschichte nacherzählt um seiner Tochter wohl Heils-bringend gewogen auch in Vorbereitung befindliche Vermählung. Erdenklich gewesen mit dem hoch gewachsenem Sohn aus des Sonntags-Stammtisch freilich zuhauf ergiebiger Männerrunde. Und seitens der Väter im Schlagwort-Gebrauch vorweg danach „dann werden wir beide auch noch verwandt" schaurig hintergründig verlautbart überliefert – schien man einvernehmlich doch absehbar gut und sicher angekommen gewesen. Freilich direkt hin schon auch ans Kataster anlehnend, dort im Grundbuchamt mit großen Augen behelligend wohl aufliegend.

Wäre da nicht das von Habseligkeit ursprünglich gelöst völlig befreit angestoßene „It-Girl" noch aus der nachrangig nur benannt Sudeten-Deutschen Landsmanns-Zunft. Nach dorthin spät aber nicht zuletzt noch forsch und futuristisch in die Quere gekommen. Worauf sich der absolut als Heiratsfähig eingestuft Mio.-schwer vorzeigbar ausgelobte Landwirts-Hochzeiter – Haus & Hof weiblich gesichert förderlich beiseite, nachhaltig sich aber über-Nacht verguckt haben wollte sehr zum Leid seines tollkühn angetriebenen Vaters auch. Der mit gesichert Auge freilich auch zur Erweiterung bestehender Güter noch allzu gerne würde seinen Beitrag treffsicher dafür geleistet haben wollen zur Folge-Generation hin.

Schien das ähnlich wie man das meist ohnehin als Bayerischer-Schwank längst doch zu kennen glaubt schon seit allen Zeiten – nicht minder allzu gerne deklariert gewesen auch bis hin noch zur neuzeitlich erhaltenen Bühne für originelles Laien- Sing- & Theater-Schauspiel übers Dachauer Land. Nicht selten ähnlich aufgeboten gewesen auch oben im <Theater am Stadtwald> in Dachau-Süd. Indessen man in etwa abzusehen vermag, was da Bühnenreif hinterher kommen wird dann vielfach wonnig dialektisch gewogen auch nach der Regie gewogen dialektisch vorgetragen. Als auch aufgesogen von zumeist vor nicht minder treuem Publikum und löblich nach Tages-Presse mit Hingabe und genügend an Szenenapplaus auch gefühlt beheimatet auf den „Brettern" dort im Theater-Saal.

Bevor man dann der angehoben geschaffen Kulturstätte mit Namen am Tor des <Städt. Thoma-Hauses> Aura und Furore ungestüm inmitten der Altstadt. Beizeiten eine Rundum-Tektur sehr gelungen genehmigt und wohl begründet auch vor Jahren zugesprochen haben wollte schon im Stadtrat. Als auch erdenklich nicht zuletzt für manch exotisch erdenkliche Darbietung bis hin zur Expedition und Abenteuer auch wie beispielsweise derer auf Kurs nach Süd-Amerikas Gebirgszug in den hochkarätigen Anden oben. Ausgerufen gewesen damals im Titel „La Paz" an der Leinwand mit Überbreite. So möge indessen für den gehobenen Anspruch des Künstlers, die seither doch profan beherrschend ausgeübte Architektur am Schloss-Dachau fort-bestehend erhalten. Freilich über beide Ebenen bei gewogen Bedarf – eben des Schloss-Saals wie des Spiegel-Saals gehobener Befindlichkeit. Und folglich man eben keinerlei Vergleich würde jemals feudaler Baukunst arriviert, zu scheuen gehabt haben. Was man auch seitens der „Ampertaler" wie im Chor der „Schlossbergler" Volks- & Trachtenvereine pfleglich. Sicherlich würde bestätigt gesehen haben wollen bis hin zu klassisch dargeboten auch international besetzter Musik-Bühnen erwogen.

Wäre indessen freilich nicht minder erwähnenswert – auch der BR-Tross zur wohl beliebten Serie am Samstag-Abend wie im erlesen Titel nach <Kunst & Krempel>, wohl schon ereignisreich und breitspurig bis nach oben hin im TV-Ressort. Nachdem man sehr wohl doch mehrmals schon ausladend vorgefahren kam dorthin am zuhöchst verweilend wie feudal einladend <Max Emanuell-Platz> hoch über Dachaus bunten Dächern und Geschichten gebührend aufwartend.

Nachdem man sich um des Schloss-Saals erleuchtet gewogen TV-Erscheinungsbild – insbesondere doch des roten Teppichbodens Befindlichkeit nach beschattet schützenswert Abdeckung um des edlen Parkettbodens Flächen. Beizeiten aufwertend wohl mehrmals bemüht hatte im Lichtschein nahe doch der TV-Kameras, Kabel-Leuten samt der Beleuchter. Als auch wohl gerüstet dann gemäß im Abbild der bekannt honorigen Kunst-Gutachter wie der oftmals freilich auch unbedarft auftretend nahe gelegenen Einlieferer aus Nachlass und bevorzugt erwogen an Schenkung und Erbgut in Händen. Nach ermunternd Stufe um Stufe über das architektonisch gelungen klassische Vestibül – der Prunk-Stiege in Dachaus Treppenhalle mit Geschichte um des Europa-weiten Adels-Geschlechts nach gewogen Dialog und Feudalismus erlangend. Bei unzählig Handkuss und Sprachschatz erhöhend in erlesen aristokratisch gewählter Szenerie nach Begrüßung auf edel Marmor, man sich der nobel gewogen Festivität dort oben im Saal über des Hofgartens Flora & Fauna. Alsdann unter Bayernweit zweifellos sehenswert Kunst-Handwerklich wert-vollster Schloss-Decke. Man wie selten beeindruckt und zufrieden arriviert wohl edel Zugang sich voller Erwartung verschafft zu haben vermochte.

Dort oben in Befindlichkeit eines edlen Meisterwerks im Genre der Bay. Kunsthandwerker einst kreiert gewesen – wieder entdeckt wie zwischen gelagert unter Münchner Dach-Geschoss über Jahrzehnte hinweg längs der Speicherböden dort an der Ludwigs-Straße. Nachdem man inmitten der 70er-Jahre wollte überein gekommen sein, Bayerns wertvollster Holzdecke im Schloss Dachau – analog gebührend revitalisierend erneut das an Raum zurück zu geben in Händen des Fach-Personals aus den Staats-tragend <Vereinigten Münchner Werkstätten> erwogen. Deren Geschicke über Monate hinweg auf voll ausgelegter Bühnen-Einrüstung, in betulich Schreiners Hand Meisterhaft mit

Liebe und Leidenschaft für jedwedes beliebige Detail auch. Alsdann explizit wie nicht minder bereichernd anerkennend auch für alle Dachauer Zukunft Stück für Stück schließlich vollzogen war.

So möge unweit davon – so manch Dachauer zurück in die 50er-Jahre erdenklich noch an die klerikal honorig eingeleitete Festivität einer einzigartig Primiz-Veranstaltung damals zu Ehren der Familie <Josef Probst> von der Krankenhaus-Straße. In Befindlichkeit um deren zweiten Sohn in familiärer Aufstellung, respektive des angesagt berufen erwählten <Hochwürden Bruders-Martin>. Als auch sehr wohl Bischöflich ehrenhaft ausgerichtet und begleitet gewesen – sollte das nicht geringer denn am feudal angelegtem Schloss-Vorplatz zuhöchst gewürdigt nach des edlen Kurfürsten wie namentlich nach des <Max-Emanuel> in nobel Anlehnung.

Freilich gewogen pointiert wie Publikumsnah angesagt dann auch unter hoch-sommerlich Azurblau strahlendem Himmel, würdevoll angemessen stattgefunden haben damals auf das Ende der 50er-Jahre zu.

Woran man allzu gerne doch gelegentlich auch nahestehend daran würde erinnert sein wollen. Bevor man ihn – des Geistlichen namens des einzig <HW Martin Probst>, dann wohl in kategorischer Abfolge dorthin in einer der Münchner Diakonien erst-mal in des Hochwürdens schmuck auch bestickten Talar nicht minder blumig eingekleidet. Wohl kraft erdenklich Anspruch nach in üblich Erzbischöflicher Order und nicht minder Disziplin auch. Nach des Ordens Weisung eben man auch zu installieren gewusst hatte dorthin nach bevorzugt eher doch heimatlich befindlich gefälliger Orts-Nähe. Nachdem man ihn zutiefst erschrocken im neuen Priester-Amt zeitnah gerade-mal geweiht gewesen – schon direkt hin zur Münchner Pauls-Kirche anlässlich der im Team der British Football-Mannschaft an Bord der Propeller-Maschine aus München-Riem kommend. Eines aus demzufolge noch niedrigen Flughöhe abgestürzten Flugzeugs mit Folgenschwerer Berührung noch des Kirchturms samt Turm-Spitze und des herab stürzendem Turmkreuzes krachend zu Boden. Man gleichauf nach ihm und seiner Hochwürdigen Geistlichkeit sehr wohl einvernehmlich beschieden noch zur <letzten Ölung> kurzum gerufen haben vermochte.

Während man sich im rustikal Dachauer Landkreis immer gerne unterwegs – auf die angrenzenden Landkreise nördlich der Kreisstädte Freising und Pfaffenhofen gelegentlich zubewegt. Wäre hierbei in westlich zeigender Richtung von Aichach und Fürstenfeldbruck freilich die Rede – um alsdann schließlich südlich über Karlsfeld und Moosach direkt an die Landes-hauptstadt hin nach wenigen Fahrminuten umgehend schon aufzuschließen. Wobei sich die Anzahl der Dachauer Landkreis-Gemeinden bei <55> seither im Landratsamt notiert wiederfindet – weiß man sich in Karlsfeld den Industries namens <MAN> als auch des Triebwerks-Herstellers im Emblem der <mtu> vorrangig geschuldet naheliegend. Doch demzufolge als absolut führender Standort im Münchner-Süden überaus multilateral freilich gewogen Weltweit zu bezeichnen. Gefolgt vom regionalem

Stützpunkt da draußen um Markt-Indersdorf im nördlichem Areal des Dachauer Landkreises seit ewigen Zeiten schon wohl beheimatet mitsamt schlagkräftiger Stützpunkt-Feuerwehr, Altenheim, Gewerbegebiet und der führend Filiale der Kreis-Sparkasse Dachau auch vor-Ort. Soll nicht zuletzt nördlich nahe um Kleinberghofen, Ludwig-Thomas weidmännisch Waldreiches Jagd-Revier nicht zuletzt gut an Erwähnung auch literarisch noch gefunden haben.

Nicht geringer auch das inzwischen weltlich organisierte <Franziskus-Werk> Schönbrunn – vormals in klösterlicher Anstaltsleitung assoziierend um pfleglich Geistig Behinderte in Sorge. Unterhält man über des Pflegebetriebs hinaus auch ein Altenheim wie mehrmals im Dachauer-Land ohnehin schon beherbergend anzutreffen. Dorthin bis hinaus nach Wollomoos bei Altomünster in Zivil-Dienstlich pfleglicher Disziplin im 24Std.-Modus Nachdem man des einst Bay.-schwäbischem Regierungsbezirks Zugehörigkeit, sich per Volksentscheid den Rücken gekehrt haben wollte zugunsten der Oberbay. seither veranlagt geführten <Großen Kreisstadt Dachau> da draußen.

Erwogen im Abgang von dorthin eben – in westlicher Richtung Aichach schwäbisch allenthalben verbunden auch, wovon des urig „Räuber Kneissls" wild gehandelte Historie kraft-polternd und wildwüchsig nach selbst-bestimmtem Dasein meist schielend. Dorthin im Kontext zu Räuber & Gendarms Rauhbein Geschichten bei allzu sehr doch übertreten quasi durchlebter Retrospektive. Seinerseits man mitnichten möge jemals nur zur Ruhe gekommen sein der Überlieferung folglich – direkt bis hin zur heimatlich gewogenen Filmleinwand nach vielen Jahren auch in neuerlich kultureller Zeit um des Oberbay. Film-Autors Rosenmüller. Dessen einzig Kneissls Tragödie doch letztlich überschattet war vom Schluss-Wort seinerseits dort im Gefängnis in Augsburg dann an des Montags beschaulich anmutend Morgen Grauen schon. Erwähnt und überliefert gewesen als allzu selten hörbares Lippen-Bekenntnis freilich noch kurz vor seiner Hinrichtung makaber verlautbart gewesen. In Befindlichkeit nach einer Kampagne unisono verursachend wie – „de Woch´, de geht ja scho guat los!" Sollte indessen ein aller-letzter Akzent seinerseits noch in Eises Kälte abgesetzt im Selbst um ihn, des uneinsichtigen Querdenkers namens des „Hias" im Volksmund übers Land erhalten geblieben sein. Als Desjenigen auch schaurig und holprig insbesondere verwunschen anmutendes Dasein – dessen zermürbendes Gedanken-Gut mit dem der Obrigkeit mitnichten sich gut und gerne umgänglich quasi wollte jemals verstanden gewusst haben. Als auch nicht minder man würde jemals an seines Glücklich-Seins nur geglaubt haben wollen, als Desjenigen vielmehr schießwütiger Befindlichkeit dergestalt alsdann bei skandierend aufbäumend nachgesagter Figur hingegen quer denkend. Schien er nach des Volkes Lippen freilich nur mit Sonder-Bonus charakterlich fürs allzu verknappte Entkommen gewollt und gesehen gewesen. Bevor man sich seiner Tugenden hinterher nach Jahren dann mit des Autors und Drehbuch-Autors Entwurf alias <Rosenmüller> famos angetrieben, alsdann mit Enthusiasmus zusammen gesetzt haben wollte. Sich eben der Alten Zeiten besonnen angenommen zu haben im westlich urig rustikal abgelegen verträumten Dachauer Grenzland um Flota & Fauna vor Kameras am Film-Set. Dessen Reim sich analog von bieder Eigenart und des schweren Landfriedensbruchs um des

„Hias" hierbei müßig unterjocht, sich würde Landesweit nachgespielt wiederfinden wollen. Während man unisono doch für ein Film-tauglich wie allzeit tobend spannendes Werk um Tradition nach Cinemascope, man sich unverhohlen professionell daran ideell gut und gerne würde sicherlich zu bedienen gewusst haben wollen im Gutdünken für die Nach-Welt.

Wusste man sich in den späten 60er-Jahren auch von der Lungen-Fachärztin am Dachauer Krankenhaus erschrocken nachzuerzählen übers Dachauer Land. In Befindlichkeit nach deren OP-Terminus an diesem besagtem Vormittag – nichts Geringeres denn eben die „Öffnung" eines Kettenrauchers man betulichst im Terminus vorgesehen hatte. Während-dem Frau-Dr. Ihres Zeichens nach als Lungen-Fachärztin – bezeichnend ohnedies auch vom Glimmstengel kaum hätte je gelassen haben wollen,.So schien sie befeuert angetan mit ihres Kollegen Ansporn zur Seite nunmehr heran gegangen. Um hinterher dann kollegial loyal angemerkt zu haben – „das hat ja fürchterlich schrecklich ausgesehen, was uns da um die Nase geweht hatte!" Bevor im Nachsatz noch trotzend revolutionär eins hinterher gekommen sein mußte quasi danach – „auf diesen Schreck brauch´ ich jetzt aber sofort eine Zigarette – hast Du gerade mal eine für mich?" Worauf ihr werter Kollege freilich mitnichten würde gezögert haben wollen, um ihrer Begierde nach des Trotzkopfs Memoiren in Dachaus Klinik-Räumlichkeiten – umgehend per Handreichung mit Feuer nachgekommen zu sein. Während ihr Äußeres seither ohnehin schon cremig verraucht auch aufgefallen war im Abbild nach des in etwa allzu Sonnen-gebräuntem Teints angelehnt, war über ihr erreichtes Alter ansonsten nichts näheres bekannt geworden im Dachauer Gäu. Womöglich dorthin-gehend quasi als Flügel-verleihend geschätzte Power-Frau im erfrischend gebügelt Arztkittel mit Kuli freilich dabei.

Möge doch das an Habitus um die Wesens-Art nach des Groß-bäuerlichen Reichtums Brauchtum – zumeist infolge Zusammenlegung angrenzender Flur-Nummern und Tagwerk in Sichtweite als Mitbringsel zum Braut-Tanz erwogen beizeiten. Mitnichten jemals wegzudenken sein. Unisono aus väterlicher Nacherzählung möglichst erhaltend auch verbleiben. Indessen einst im Ruf an den Essenstisch, väterliches Beisein vom Arbeitsplatz her da draußen am Hof, deutlich verifiziert nach „Geld & Sach“ gebührend zum Ausdruck gebracht war. Und des Herrn-Bauern allzu dicke Brieftasche – geradewegs zurück vom Erlös aus Vieh oder Rundholz-Einschlag, allem Anschein nach gut und üppig cm-dick befüllt war. Bevor er seines Begehrens nach Geld und Macht besinnlich, freilich das an Exempel noch zu verleihen wusste. Doch geradewegs stehenden Fußes schon hin zum 12Uhr-Geläut wie verlautbart überliefert – gesagt zu haben „da schau her Blümel Schorsch, so läutet man bei uns daheim „Mittag“ zam. Während-dessen blumig inszeniert 12 „Tausender-Scheine“ laut-stark am Tisch aufschlagend dabei hochkarätig hin-gezählt waren. Sollte indes freilich vor väterlich unverwechselbarer Demut in der Runde – schweifend lediglich daran vorbei eilend insoweit Kenntnis genommen sein im Blaumann seinerseits am Tisch des Herrn-Bauern da draußen im rockig hügeligem Dachauer Hinterland und zuhauf an Grund und Bodenständigkeit.

Indessen mich als geborener Alt-Dachauer doch die inzwischen unterdrückt gehaltene Dachauer Mundart mit Wehmut nur erfüllt haben konnte – einer verwoben weich verlautbarten Sprachwurzel im eher kurzatmig grob verfeinert Münchner Oberbayerisch Duktus und Färbung. Folglich der allzu gerne nach Dachau eingeheirateten Töchter auch aus der Landwirtschaft oftmals freilich doch vom Hinterland her nach Landstrich dialektisch hörbar verortet. Und von daher gesehen in etwa vergleichbar durchaus wie mit dem traditionell malerischem „Kammerwagen", damals blumig anmutend meist zuversichtlich daheim losgefahren. Man analog zum Heimat-Museum einst Heiratslustig und von Bauern-Stolz besessen auch stolz vorgefahren kam inmitten nach einer ersehnten Kreis-Stadt. Unisono vom Hochzeiter nach uralt Brauch gebührend empfangen und beseelt angekommen auch. Nachdem sein beauftragter Hochzeits-Lader voraus-eilend den 1.Akt schon seiner gelungen getroffenen Übereinkunft zum standesgemäß erbaulichem Hochzeits-Mahl. Mit-samt weiterer Zeitabläufe im Saal des seither unentbehrlich betriebenen Wirtshauses am Ort. Absolut launig fidel und freiweg applaudierend zu verkünden wusste bei feurig Gstanzl, Wahl-Spruch und reich an Gesang. Eben der Lesart folglich an Einladungen mitsamt seines erbaulich gewogen Singspiels obendrauf, schon mal lautstark auch gelungen bei gut Stimme. Launisch über den Hof, schon für Stimmung gesorgt war. Alsdann unisono dem Omen nahe wie vor-bedeutend gereimt verpackt auch gerne hörbar dar-geboten. Man eben dorthin an der Haustüre des Geladenen ermuntert gestimmt – die Tür gerne offen gestanden war. Wovon freilich mit Leidenschaft und gerüttelt auch an Brauch vermeldet der Aufwartung genügend an musikalischer Melodie. Dabei angediehen erst-mal zurück belassen war. Bevor dann die Freude gerne Anschein nahm schon im voraus, indessen man freilich mit dabei sein wollte alsdann bei deftig Braten und ausgelassen Tanz und lecker Kuchen. Dort in dieser heilen Welt nach Brauchtum. Deren Rede nach Tradition sich am Land zumindest pfleglich für alle Zukunft über Generationen noch erhaltend fortsetzen möge.

Während unweit davon um Land, Kultur & Brauchtum infiltriert wie epochal angetrieben auch – nicht zuletzt auch der Bayerische Senat noch als langjährig eben honorig Richterlich vorentscheidend. Nicht minder verifiziert nach des Bayerischen Verfassungs-Corps in Assoziation stehend lange Jahre akkreditiert war. Folglich die mit honorabel Senatoren an Münchens gerichtlicher Adresse Jahrelang auch erhaben besetzten Sitzreihen. Freilich noch gediegen auch an Erwähnung hierbei nicht zuletzt finden mögen nach dessen kurzatmig über-Nacht Staats-tragend auferlegtem Finale. Wie geschehen so um die damalige Jahrtausend-Wende zurück. Indessen schon im Hinblick auch auf ein Stück-weit ergo nach FJS allzu blumig Günstlings-Wirtschaft, geschönt auch mit Blick übers weite Feld nach Baurecht. Beizeiten eben des einzig Flächennutzungs-Plans Sponsoren-Fieber als auch der dorthin Baurechtlich freilich ausgewiesenen Besiedelungs-Maßnahmen im Dorf. Man längst als Ausnahme geregelt doch quasi geschehen eben gerade-mal für ihn kraft des Senators dehnbar bevorteilter Ansätze über des Gemeinde-Rats Kopf-Kino. Halt dann per Akklamation schon mal gebilligt gewesen war auf kurzen Dienstwegen nur.

Indes analog im Abbild nach greifbarer Maßnahme zur Steigerung an marginaler Wertschöpfungs-Offensive behutsam angeschoben. Wohl Heils-bringend geradewegs für ihn – des vormaligen Senators Bevorzugung am Quell für Eigennutz & Wachstum. Des Quantensprungs Anschub mit lukrativ nach Wirkungsgrad – im Score eben vom Ackerland bis direkt hin schon zur Aktenlage nach lukrativ Wohn-Bebauung für des Herrn-Senators gebilligt erhöhte Anrechte nach Aufwertung. Man Kopf-nickend durch gewunken freilich einträchtig kollegial einträchtig dazu gehört haben wollte – vielleicht bei ein klein wenig Neid nur von Fall zu Fall?!

Vermochte allerdings dessen persönlich Logbuch ohnehin mit Einträgen versehen sein als Derjenige auch, indessen des Opel-Händlers wie des Haus-Technikers Forderung man alsdann nach deren 3.Mahnung erst. Wie erwartet nicht minder dreist und unbekümmert alsdann fernmündlich gesagt bekam – „das hätte ich mir doch mitnichten im Geheiß der Notwendigkeit um diesen Betrag doch jemals erdenklich gemacht haben wollen um deinen/euren Bedarf an überfällig Frischgeld im Begehren danach!“ Oder andersrum verlautbart auslegend – dass ihr dieses Geld aus der Westentasche wohl schon so dringend auf dem Konto gesehen haben wollt oder gar haben müsst?! Das überrascht mich aber schon sehr – ha, ha!“ Bis 14Tage erneut ins Land gegangen waren hin zum Ausgleich. Bevor er dann wieder erhaben souverän vorgefahren kam – standesgemäß am Steuer seines breit gebauten OPEL-Admiral mit Stimmrecht zur etwas abgewandten Urteilsfindung alsdann für Gerichts-notwendigen Entscheidungs-Bedarf in zweitklassig geübter Response nach manch Einschätzung.

Soll es doch an Dachaus südliche Ränder und Grünland zurück – eben dorthin auch hierbei noch hingehen, wo man wie erwähnt auch manch Geschäfts-Flieger bis 5to zu Start & Landung auf Nachfrage meist gerne auch freizugeben bereit ist. Als auch Derjenige würde angesprochen sein mit Interessen als Fluggast im Cockpit der meist Vereins-eigenen Fluggeräte, nach des Seglers oder des Motor-Seglers vertraut himmlischem Abbild. Dort um Flora & Fauna, wo man auch namens des Flug-Souveräns um des Aero-Clubs Dachau unisono erschlossen verortet aerodynamisch sich zu stellen weiß. Schon um sich unser vielfach dimensional doch sehenswert auch ausgelobtes Dachau – insbesondere des bebauten Charmes im Flair unserer Altstadt. Dann bis hinunter ans vormalige US-Camp im Wortlaut der „Eastman-Barracks" plakativ verlautbart. Sich eben gut und gerne doch schon mal auch aus der Vogel-Perspektive mehr-dimensional beflügelt, das auch gezeigt haben zu lassen. Als auch die Konturen um unser nach feudal eloquent begünstigter Architektur einst mehrflügelig erschaffenes Rennaisance-Schloss, von weiter oben in Betracht kommen.

Wessen Abbild seither aller-bestens wie betulich vorzeigbar von nicht minder gelungener Altstadt-Bebauung analog auch umgeben gewahrt ist. Eben in sicherlich vormals gewogen Bau-meisterlich nach den Regeln der Baukunst in geschickter Vielfalt an ideeller Verwirklichung angelehnt – gebührend dort oben auf dem gut 400Meter hoch wie stabil bewehrt gewachsenem Lehmberg. Einzig bei gut und sicher nach Statik der Natur auch ab-gelastet seither allen Belangen trotzend. Vermag dessen Bereicherung an des Altstadt bunten Ensembles seither doch in Zeitloser Vollendung, gewogen an die Bevölkerung und Nach-Welt stillschweigend und unbesorgt übergeben Bewunderung erfahren.

Als auch nach der Prämisse erdenklich eben zur fort-führenden Bewahrung und geboten nach Aufrechterhaltung im Lot städtisch mit Muse und Flair gewachsen wie angereichert verwahrt auch. Soll indessen eben dorthin-gehend optisch auch zu verfahren sein seither schon – um der einst vormaligen Hauptstelle namens der Sparkasse Dachau-Altstadt dem Rathaus direkt gegenüber. Eben noch zu Zeiten vormals, als man sich ähnlich des urigen Auftakts zum Heimatfilm der TV-Serie <Bayerisches Amtsgericht> – dort im Grenzland ans Ober-Bayerische Tittmoning inszeniert gewesen. Heimattreu gestimmt freilich noch mit des Bier-Kutschers 2-spänniger Lieferung einrächtig zur Kulisse hoch stilisiert wieder gefunden haben wollte. Wie man das gerne doch mit heimatlich Leidenschaft gesehen hatte am unverdorben abendlich Bayerisch familiär geschuldetem – damals neuerdings in Farbe am TV-Schirm.

Mitnichten an eines Landrats ausgewildert Konstrukt im Handel für Haus & Garten würde zu denken gewesen sein. Und demzufolge um des Brand-gefährlichst Partners Begierde aus der Partei-Politik, mit unendlich nach Seitenblick und Ablenkungs-Manöver bei der Sache im Sog der Kommune. Unter Majorität nach eines Landrats Leaflet – worin ich mehr an des Western-Helden „Steve Mc Queen" erinnert bin. Als der in Toomstone/Arizona inszeniert angeritten kam, um mit der Knarre in der Hand den Wegelagerern den Exodus erklärt zu haben. Und ähnlich am Einkaufs-Park – ein Budget in eigener Reihe um des Sheriffs folgsamer Untertanen, selbstbestimmt auf Kosten einer Mittelständisch Demokratischen Interessen-gemeinschaft. Man den Kurs dorthin nach Stimmen geschönt mehrheitlich zu nutzen wusste – im Seitenblick nach Aufgeld aus des Bau- & Garten-Centers munter Tageskasse. Vor Kulisse im Ressort einer scheinbaren Gewerbeaufsicht kraft eines multiplen Rundum-Landrats am Platz.

Dessen Dekret im abrupt genutztem Verdachtsmoment man nicht minder vorneweg abgesprochen zu haben wusste schon im Hinblick auf diesseits anmutend wie abwegig nötigend gelenkte Geschäfts-Methoden im Genre-Baumarkt fern üblicher Art und Weise für Gattungs-Artikel. Schien jedwedes Konkurrenzdenken zwischen Mittelstand, Parteipolitik und der Sparkassler, ohnehin mit desaströsem Ende unisono erdacht gewesen schon im Vakuum von Bankgeheimnis und wüster Enteignung „hoch zu Roß".

Indessen sich das an Fragen-Komplex noch gemeldet hatte – wie oft es diesen Herren vom 3er-Bündnis denn ermöglicht sei, nach eigener Befindlichkeit im Terminus des Versteigerungs-Vermerks so manch Traum-Immobilie zwischen-drin wenige Stunden vor Aufruf nach „Pontius und Pilatus" ultimativ losgeschlagen zu bekommen. Üblich freilich auf Kosten der Allgemeinheit nur im Öffentlich-Rechtlichem Geldhaus.

Soll unisono unweit davon angestoßen sein im Geheiß um deren Partei-politisch wie einzig und fremdartig Mittelstands-feindliche Abart von Führungs-Personal bei manch Fehl-besetzung auf persönliche Empfehlung hin nach Art der Killer und Kesselflicker Kraft-strotzend ausübend. Dort wo man sich Alibi-sicher zuruft – wonach eben jede 2.Ausreichung allent-halben wirklich richtig getroffen, zu Anfang eingeschätzt war. Nachdem man mich hin geholt hatte an die grüne Wiese zum Auftakt des späteren Einkaufs-Parks in eigener Sache dann als kleiner Filialist auf Sparkasslers Empfehlung zeitnah hin an die Schlangengrube hinterher.

Wie diesseits vor der Frage aller Fragen – sich mit Leuten für allzu auffallend nach Spaß-Gaudi jemals dorthin begeben zu haben im Neben-Job als kapitaler Lügner und Fallensteller zu Diensten eines Behörden-Chefs mitsamt Kreis-Vorsitz als auch seiner Christ-sozialen Partei-Jünger verschwiegen im Nimbus dahinter. Geschuldet des Adjektivs mit Gewichtung – im Wortlaut nach diesseits nachgefragter Kulisse „dahinter-stehend“!? Worauf man sich um des Landrats Kabinett kurzerhand wohl darüber einig war, wonach man bis hin zur Gefahr im Vakuum nach Lobbyismus. Während man sich ohne-hin gescheut hatte davor im Kontrollwesen um eines Landrats Sparkasse – sich eines Untersuchungs-Ausschuss Recherche zu unterziehen.

Sollte auch das an Unterschlagung und Versäumnis beigetragen haben dazu – daraufhin den Transfer nach hierher ins Rottal nach Niederbayern, an- und nach-geschoben zu haben. Bevor der Staatsanwalt anderweitig Unzulänglichkeiten der 3er-

Equipe vom Sparkassen-Tribunal – in einem Streich dann rundum aber massivst zurück zur Ordnung – daraufhin explizit noch zugeschlagen hatte. Ohne sich der Riege an Komparsen im Aufsichts-Rat einer Sparkasse – im ersten Schritt nur mal näher erinnert und bedacht zu haben. Und deren Sorge eben weiterhin festhaltend an gut Geld nebenher verwoben unter den gewohnten Fittichen des Dienstherrn am Landratsamt.

Gefördert im Ansinnen unisono um die eben nach Punkten lediglich geprüften Frischgeld- & Devisen-Künstler vom Sparkassen-Platz angestoßen. Bevor man sie pointiert Angst- und Schmerzfrei vom Schurken-Depot aus direkt hin an Dachaus Marktplatz aufrechten Ganges beschwingt losgeschickt haben wollte im gegenseitigem Lobgesang. Als Diejenigen geeint, deren Auftritt meines Erachtens mitnichten würde Am Sparkassen-Platz adäquat jemals angestoßen gewesen sein im Unterlass nach Empathie bis hin zur verfehlten Qualität des unvoreingenommen wahren Beraters im Kredit-Objektgeschäft.

Schien im Gesichtspunkt – sich nebenher noch als Kunst-Mäzen aufwertend zu geben in der Öffentlichkeit hier wie dort – alles getan im Streben danach, auch künstlerisch gut infiltriert und ansehnlich geschönt dazustehen. Im Seitenblick vom Öffentlich-Rechtlich angeschobenem Geldhaus der Stadt im Vertrauen und Bewunderung über des langarmig multiplen Landrats zur Seite. Vielmehr doch um abzulenken schon vom Abbild nach Vertrauens-Würde im verkorksten Monopoly vom Bank-Geheimnis pointiert infiziert. Weiß man sich kulturell auch zu beweisen als bevorzugter Gast dann vor Kulisse auf der weihnachtlich gestimmten Vernissage. Bevor es dann nach München geht zur nächsten Kunst-Auktion auf-bietend dann aus gut und gerne manch Dachauer Schule bewertet wie danach aufgerufen auch. Womöglich bis hin dann zur graziös anspruchsvollen Aufnahme noch in Dr. Reitmaiers edles Dachauer Kunst-Bilderbuch. Dessen Recherche und Gestaltung seiner Hand bewahrend neben des Paul Sessners Geschicke für Foto & Lithos, sehr gelungen dabei auch allzeit Rechnung wird zu tragen ermöglicht sein.

Nachdem man ihm als Chef im Rathaus um des OBI-Dachaus finster untergrabene Hintergründe – doch kaum die halbe Wahrheit nur hätte zugekommen sein lassen wollen. Bevor sein sicheres Veto würde allenthalben freilich zu erwarten gewesen sein um ein Embargo mit Fußabdrücken direkt hin an manch Dachauer Planstelle – siehe CSU-Bürgerbüro in der Altstadt, dessen Akkreditiv auch für Partei-Propaganda und Mehrheiten vor-Ort insbesondere wohl erdenklich ins Auge gefasst ist.

So vermochte die aktuelle Verlautbarung aus der markanten Verlags-Hochburg im Schwarzwald – namens Weltweit unter des Labels <BURDA> nunmehr zur Generationen-Nachfolge der beiden Geschwister aus der Ehelichung mit der Film-Ikone <Furtwängler>. Neuerlich doch in Relevanz auch um Dachaus einstig weit-um führende Papier-Industrie namens der qualitativ im Score der <MD-Papier Heinrich-Nikolaus GmbH> über Generationen firmierend aufgestellten Industrie am Markt Welt-weit. Dürfte familiär unisono wohl zuhauf noch an

Aufmerksamkeit hervor gerufen haben um Dachauer Fußspuren im Abbild des BURDA-Konzerns zurück als Eigentümer auf Zeit auch.

Deren ansehnlichen Status vermeintlich von allzu bösen Nachwehen um das inzwischen geräumt zurück gebaute Werks-Areal leidlich beschwerlich überschattet, man zusehends nachgekommen zu sein schien. Schon um die Befindlichkeit des an zeitliche Grenzen gestoßenen Allein-Herrschers damals bei MD-Dachau namens der Gebrüder BURDA. Sehr wohl auf marginal bestimmte Dachauer-Zeit – nachdem deren Zeichens als seither schon erbaulich überwiegender Abnehmer bei MD wohl um die käufliche Übernahme designiert zur Fusion um deren gewogen Verlags-Reich. Man erdenklich bereichernd wohl nachgefragt haben könnte oder doch gewollt hätte. Bevor man dann nach wenigen Geschäftsjahren hinterher schon – einer skandinavisch verfassten Offerte des Zuschlags mitnichten wollte verwehrt haben. So schien allem Anschein nach das rundum hoch angesehen und über Generationen hinweg absolut auch vertraute Vorzeige Industrie-Unternehmen – führend auch in Dachaus Industrievereins-Gala angestammt sicherlich seither schon. Man schließlich des Besitzanspruchs bei MD weiterhin im Wechsel noch ein weiteres mal hinterher gesehen haben wollte.

Bevor man sich unisono vor nur wenigen Jahren – wohl einer unendlich zutiefst erschwert freilich mitnichten allzu leicht getroffenen Entscheidung. Allenthalben auch des Zweig-Standorts Plattling ähnlich danach betreffend des Augenscheins nach. Unisono nach beider-Orts folglich konstituierend auch

Skandinavisch ermächtigt geführter Premium-Order, Wohl Zeitversetzt dann zur Stilllegung des doch so traditionell nachhaltigen Herstellers für glatt-gestrichen Format-Papier. Bevorzugt in 1a-Qualität schon seit Münchner Gründerzeit nur. Man ausgehend dorthin eben am Führungs-Pool arriviert – insofern sich darüber geeinigt verständigt schien wohl am Finance-Parkett nicht zuletzt. Und insbesondere der markanten Standorte Dachau und München-Pasing – man freilich über Generationen hinweg durchwegs mit Treue und Leidenschaft auf Arbeitnehmer-Seiten insbesondere zutiefst erfüllt und familiär seit Generationen verbunden gewesen war.

Nicht zuletzt auch dessen monatliches Erscheinungsbild bewegend untermalt gehalten war auch vom MD-Magazin schon im Titel-Komplement wie arrangiert gehalten im Wunsch-Design nach alias gebührend am Cover im Zuge nach fortan im Auge gebührender Befindlichkeit nach kollektiv ehern gestaltet über allem nach einzig „one and only" <MD und wir>. Gleich des Treue-Schwurs allenthalben angetan gewesen, will oder sollte geheißen haben – man wusste von Beginn der Mitarbeit an meist doch schon, eben Generationen-übergreifend für immer dabei geblieben sein zu wollen. Nicht ohne das MD-eigene Urlaubsparadies namens des <Axhamer Lizums> im Allgäu – für ein nächstes Urlaubs-Ziel, noch launisch blumig dabei mit angesprochen zu haben.

Bevor man viele Jahre hinterher, sich daraufhin dann über Monate hinweg am Gelände der Alt- Dachauer Osten-Straße, des Rückbaus der so imposant als auch weiträumigen Werksanlagen freilich schwerlich erliegend unterwerfend zu ergeben hatte. Infiltriert daraufhin im munter Motorenklang bei schwerer Gerätschaft und LKWs bzw. Kippfahrzeugen. Deren mit Rauchschwaden folglich versehener Schwerverkehr dann erkennbar auf Dachaus Straßenzügen zugange war. Dorthin im Terminus Ziel-führend Umwelt-schonender Entsorgung – wie unisono befindlich auch in Erwartung der Bebauungs-Variante alsdann im anschließend gesetztem Thema ums Ersatz-Projekt. Per se in Befindlichkeit namens des längst per Vorbescheids-Regelung schon erschlossen auf-geplant neuerlichen <Mühlbach - Viertels>. Analog verknüpft am Tisch nach Parlamentarisch eingeholter Übereinstimmung kraft Stadtratsbeschluss im Sinne des §34 nach Bayrischer Bauordnung. Entworfen nach Architektonisch Franko-Münchner Ideen-Welten für den Ersatzweise entstehend gewonnenen Stadtteil. Dessen Standards konzipiert sind als Wohnbebauung zuvorderst als auch mit Einzelhandel und Arzt-Praxen etc. vorgelegt aus Münchens Status erwogen Händchen um die Baukunst – zur Abstimmung im Dachauer Rathaus.

So möge für manch treuen MD-ler auch die eine oder andere kollegiale Begebenheit, seinem Langzeit-Gedächtnis gewogen erhalten bleiben. Man doch erinnert war an des „Mühlbach Sepp" langjährig leitende Position im Hause. Nicht minder auch zurück in die späten 60er-Jahre noch ein Paukenschlag ähnlich einer Werks-Sirene übers Gelände hörbar wurde. Verwoben im „Tete-a-Tete" – „live" in der Besenkammer nicht Jugendfrei geeint, so wie man das eben nacherzählt bekam aus der Klatschwelle namens der führend MD-Papierindustrie vor-Ort. Indessen man gehört haben konnte um des leitend beliebten Kollegen und ehern Mitglied der Werks-Feuerwehr. Wonach er mitnichten hätte lassen wollen von der blonden jungen Frau innerhalb seines Ressorts am Schneide-Tisch. Schon um sich im gegenseitigem Verlangen erlegen dorthin zu begeben. Wohin eben das abendliche Reinigungs-Personal sich üblicherweise nach deren Utensilien zu begeben weiß. Dieses mal allerdings, der redselige Schlossermeister-Schorsch plötzlich mitsamt des Werkzeugkastens, inmitten der Türe zur Reparatur des Schlosses unaufhaltsam vorgestanden hatte. Um verdutzt – vor kess Unterwäsche am Haken neben der Besen-Sammlung. Freilich als Störenfried doch bitterlich nahe gekommen zu sein. Mag das Verlangen auf Gegenseitigkeit wie auch immer – dann umgehend ein vorzeitiges Ende genommen haben. Beengt auf diesen kaum 2-Quadratmetern Raum, während des berufen Schlossermeisters Redseligkeit umgehend freigeschaltet schien. Dort übers Werksgelände hinweg mit seinen weit mehr denn tausend treuen Mitarbeitern, wollte sich über das heiße Thema hinaus. Die Frage aller Fragen mitnichten aufhalten lassen direkt hinauf an die Werksleitung, nicht minder des Hauseigen Büros um die Arbeitnehmer-Rechte – eben der MD-Gewerkschaft. In Anlehnung auch daran – inwieweit man bereit sein möge um gebührend Toleranz und Nachsicht in Anbetracht und Bonus des treuen Mitarbeiters Job. Als arriviert wohl auch im Fokus nach Ermessens-Fragen und Zwischenmenschlichkeit, schien man ohnehin schon höchstes Interesse gezeigt zu haben nicht zuletzt im Exempel schon um des befriedet Erhalt danach. Indes nicht ohne des Zweitnamens um des liebestollen Abteilungs-Leiters wäre alias zu-Ende gedacht gewesen – folglich des einzig „August, des Strammen!"

Dorthin wissentlich vergeben eben um des Ausläufers bekanntlich nach der „Münchner Schotterebene" tragfähiger Kriterien – als auch gewogen am markant aufsteigendem Dachauer Lehmhügel verortet über die Altstadt bis hinauf zum Schlossplatz. Man seit inzwischen über 12-Jahrhunderten gediegen hoch befahrbar geführt ist. Wohl schon zu Zeiten der Pferde- & Kutschen-Gespanne, der langen Roben beizeiten zu Hofe. Und wohl auch Erdfunde indessen das seither belegen – wonach Dachau freilich vormals schon als die römische Niederlassung vor rund 6-tausend Jahren sehr wohl bewohnt gewesen schien. Während man von den <Gräflichen Herrscher-Dynastien Scheyerns> doch längst um deren Erbauung einer Burg im 11.Jahrhundert dort hoch oben über des Amper-Flusslaufs Auen. Erdenklich wohl freilich analog auch gewusst zu haben schien. Bevor dann im Jahre-1182 das Herrscher-Geschlecht direkt an die <Wittelsbacher-Dynastie> sicher unaufhaltsam erdenklich wohl ergangen schien. Allenthalben gefolgt gewesen ums erteilte <Marktrecht> alsdann auch in eminent wohlgewollt gehaltener Führungs-Hand kraft der Alt-Bayerischen Herzöge darauf-hin. Als auch nicht minder zum Zwecke des Handels durchaus erdenklich gewesen.

Schien nicht minder im Abbild der gewerblich genutzten Unternehmungen bereits angestoßen gewesen. Während mit Beginn des 19.Jahrhunderts – Dachau daraufhin erstmals zum Behördlichem Standort statuiert erhoben, wohl-verhalten zum Zwecke als Landgericht auch für all die damals umliegenden Münchner Dörfer berufen. Schließlich des späteren Münchens im Zusammenschluss avancierend alsdann schon zur

Landeshauptstadt avancierend offiziell in-Dienst gestellt war. Woran schließlich zur gegenwärtigen Dominanz und Anlaufstelle folglich irgendwann Jahre später – man alsdann grandios international aufgeschlossen zu haben vermochte.

Nachdem man seitens in persona des Josef Effners Ägide schließlich im gewogen Stil nach Spätgotik förmlich dann das Renaissence-Schloss 4-flügelig hatte ermächtigt im Terminus dazu erbauen lassen – bevor man dann wie begründet aus purer Sparsamkeit wohl geschuldet. Sich eben von den 3-seitlichen Bau-Körpern maßgeblich zurück-bauend daraufhin schwerlich noch müßig zur Trennung unterworfen geeinigt haben wollte.

War man während-dessen in Dachau angetan gewesen von reichlich an höfischem Dasein auch zuhauf nach Ruhm und Glanz umgeben, von schlimmeren Zeiten im Abbild wie von allzu arglos verwerflich Zeitgeist überlagert. Respektive eben nach Brandstelle, Krieg und beschwerlich an Armut zudem noch müßig dabei in Heimsuchung müßig geschmäht gewesen. Indessen man dennoch daran mental zumal auch des-weiteren betulich gewachsen schien, dies wohl schon um mitnichten jemals nur an heim-suchende Aufgabe. Wie allenthalben doch nur mal per Prolog angedacht haben zu wollen.

Bevor dann auf das 20.Jahrhundert zu schon – für Dachaus Heimat-Berechtigte ein wahrer Silberstreif am Himmel der Muse und Mal-Künste bis direkt hin zur Dachauer-Malschule schon Heils-bringend sanft angestoßen. Durchaus bahnbrechend alsdann für wonnige Veränderung maßgebend besorgt gewesen war. Als auch in Anbetracht des gewogen Künstler-Daseins dort oben in Worpswede kraft befreundeter Weise und Natur schon seither wohl auch. Gelegen im Fadenkreuz dorthin nahe schon an der Nordsee-Küste oberhalb der Hansestadt Bremen mit Zunfthaus. Dessen Campus nicht minder famos auch vor-Ort bejahend unweit von Cuxhafen entfernt, zudem der Dachauer Künstler-Gilde gut und gerne manch Impuls und Zeitgeist zu verleihen vermochte. Indessen man der Mal-Kunst nicht minder schmissig professionell musikalischer Genies nahe – sich mit Genuss und Muse allenfalls auch hinreichend übers Wochen-ende dorthin zu umgeben weiß.

Als besorgt im Umgang auch um die Besucher reichhaltig im Mainstream vor-Ort – blumig gebührend auch von Flora und Fauna wonnig Flügel-verleihend umgeben. Möge man dies im Abbild der wohl gesonnen Einöde namens Worpswede in die Umgebung doch analog cremig eingewachsen gelegen, auch möglichst ausholend wahrzunehmen behalten. Wohl unschwer allgemein allem Anschein nach auch befindlich anzuerkennen vermögend weiterhin danach erkennend nach Eintracht als gewogen verbündet freilich infiltriert, fortan so auch fortführend für sich innehaltend bewahren. Als auch in alle Zukunft hinein aufnehmend dessen zu erkennen bereit sein zu wollen – so die Botschaft von dort oben zurück vor Jahren schon.

Sollte der Dachauer Künstler-Vereinigung geschuldet – meine Stip-Visite oberhalb Bremens nicht unerwähnt geblieben sein im Nachhinein. Während ich Grenz-überschreitend mein Dachauer Juwel oftmals bitterlich verraten hatte im Hinweis verortet nach

„Mitterndorf bei München" auf dem Kärtchen. Los gefahren gewesen eben vom Ankerplatz einer Stadt mit zwei Komponenten – von der Heimsuchung am J.F.Kennedy-Platz, hinauf dann zur Schloß-Mauer mit Werdenfelser Fernblick auf Deutschlands größte Erhebung. Bis hinunter ans Mittel-Rysalit zu den Schloss-Pfeifern dort am Park um Schloss Schleißheims Areals Weiten.

Dachau/Tann im Früh-Sommer 2025

Burghäuser-Bluemel